불붙는 대지를 나는, 나는 종이새

불붙는 대지를 나는, 나는 종이새

초판 1쇄 발행 2025년 2월 24일

지은이 이영화
펴낸이 장길수
펴낸곳 지식과감성#
출판등록 제2012-000081호

교정 이주희
디자인 오정은, 김희영
편집 오정은
검수 한장희, 이현
마케팅 김윤길

주소 서울시 금천구 벚꽃로298 대륭포스트타워6차 1212호
전화 070-4651-3730~4
팩스 070-4325-7006
이메일 ksbookup@naver.com
홈페이지 www.knsbookup.com

ISBN 979-11-392-2434-4(03810)
값 14,000원

- 이 책의 판권은 지은이에게 있습니다.
- 이 책 내용의 전부 또는 일부를 재사용하려면 반드시 지은이의 서면 동의를 받아야 합니다.
- 잘못된 책은 구입하신 곳에서 바꾸어 드립니다.

지식과감성#
홈페이지 바로가기

불붙는 대지를 나는,
나는 종이새

이영화 시집

목차

시인의 말　　　　　　　　　　　　8

제1부

1. 소금이 온다　　　　　　　　　12
2. 미항美港　　　　　　　　　　　14
3. 바다에 묻다　　　　　　　　　16
4. 고사리를 불리다가　　　　　　18
5. 달개비아재비 종이꽃　　　　　20
6. 배고픈 소년에게　　　　　　　22
7. 탈삽脫澁　　　　　　　　　　　24
8. 집 앞 소고小考　　　　　　　　26
9. 낮은 목소리　　　　　　　　　28
10. 상수리 서사敍事　　　　　　　30
11. 말벌의 비행　　　　　　　　　32
12. 생의 6월, 그 불변의 포인트　　34
13. 푸른 꿈 꾸는 붉은 낙타의 슬픔　36
14. 불장난　　　　　　　　　　　38
15. 조각달　　　　　　　　　　　40

제2부

16. 별들의 전언　　　　　　　　　42
17. 웃음　　　　　　　　　　　　44

18. 아름다운 새벽 … 46
19. 줄 하나 이으며 … 47
20. 저무는 사랑 … 48
21. 꽃 밥 시 … 50
22. 허기가 성냥을 꺼내어 … 52
23. TAXI … 54
24. 무명씨無名氏 … 56
25. 병상의 하루 ― Random 아래 Ransom … 58
26. 귀 기울이는 바람 … 60
27. 난독 일기 … 62
28. 암순응 … 64
29. 목성의 일기 … 66
30. 꽃 … 68

제3부

31. moonglow … 70
32. 자락自落 … 71
33. 언어의 감옥 … 72
34. 목신의 늦은 오후 … 74
35. 가벼움에의 경외 … 76
36. 묻고 묻고 묻다 … 78
37. 질문들 … 80
38. 빈병 … 82
39. 딸 어디니 … 83

40. 봄	84
41. 불면에 대한 처방	85
42. 실질 형태소 집	86
43. 봄 풍경	87
44. 아무도 오지 않을 날을 위한 연습	88
45. 떠다니는 집	90

제4부

46. 반갑다 안녕	94
47. 여러해살이풀	95
48. 황금 투구	96
49. 바늘 없는 시계	98
50. 폭풍 속으로	99
51. 달을 질투하는 나	100
52. 사내라는 대명사	102
53. 꼽추의 시상詩相	104
54. 볏잎의 애수	106
55. 둥근 모서리	107
56. 오늘의 Q&A	108
57. 서툰 봄	110
58. 고무줄뛰기	112
59. 사랑이여	114
60. 피사체의 25시	116

제5부

61. 틈새에 피어나 120
62. 연年을 보내다 122
63. 짙어진다 123
64. 조각과 나사못, 화가 124
65. 사랑의 굴절 125
66. 결혼기념일 1 126
67. 응시 외려, 외면 128
68. 결혼기념일 2 - 우리의 블랙 데이 130
69. 줄글을 썼습니다 132
70. 뚝새풀 연가戀歌 134
71. 숙이의 노래 136
72. 해바라기 친구 138
73. 길 140
74. 그녀가 사랑한 행성 141
75. 아무의 품에 안겨 142
76. 구두를 사다 144
77. 불붙는 대지를 나는, 나는 종이새 146

서평
몽마르트르 언덕 위 종이새에게 - 花林 이세종 시인 149

해석
우주와 NASA의 유영·교통을 다룬 영화 미장센
- 강익모 교수·문예비평가 152

시인의 말

 빈 조각 하나를 끼워 맞췄다 싶으면 맞닿은 선이 아프고, 빼내고 나면 아팠던 자리가 안락해 보였다. 빈 공간을 그대로 두어야 하나 채워야 하나 — 이것은 나를 평생 지배해 온 두 개의 준령峻嶺이자 연원 모를 불안이었다. 두자니 모든 것이 그 구멍으로 다 빠져나갈 것 같았고, 황급히 무언가로 메꾸고 나면 숨이 턱 막혀왔다. 도려내지 못한, 결코 희석되지 않을 기억들의 역습.

 아빠에게선 바다 비린내가 났다. 엄마에게선 산나물의 쓴맛이 났다. 지워지지 않을 냄새와 맛이 뒤엉켜 만들어진 존재가 나. 젓국 같은 나. 씁쓰레한 나.

 엄마는 호떡을 굽다 졸고 태우고 아빠는 배호의 노래를 부르며 만두피를 오므리고 입도 따라 오므라졌다. 오빠는 벽돌 위에 올라 박카스 병으로 만두피를 밀고 가게 밖 오빠를 기다리고 있는 친구들을 위해 만두피가 속도를 높여 쌓이고 칭찬을 받고, 아픈 오빠는 늘 집에서 선물을 준비하며 나를 기다리고 있고 나는 기다림이 싫어 손님 돈을 몰래 챙겨 친구 집으로 간다. 도망가기 위해 친구가 많아야 했다. 친구 집이 멀어야 했다. 지긋지긋한 가난.

  개 오獒 나무 수樹 의견의 마을 오수에는 주인을 지킨 개를 기리기 위한 원동산이 있었다. 원동산 가는 시장 골목 양쪽으로 보신탕집이 해마다 몸을 불렸다. 의견의 날에는 투견판이 열렸다. 진돗개가 발악하는 도사견 목덜미를 죽을 때까지 물고 늘어진 날, 사람들의 함성 뒤로 사생 대회가 열렸다. 서예 대회에서 입상한 오빠의 작품 「정몽주의 단심가」가 잿빛 휘장으로 날렸고 나는 나무둥치에 앉아 백일장에 낼 글을 썼다.

  터미널에서 반사되고 시장으로 굴절되는 세상은 만화경처럼 기이했고 공중화장실처럼 무서웠다. 정해진 삶을 살아가는 것이 아닌 매번 황량한 곳에 던져지는 삶을 살아내야 하는 종족은 소멸의 냄새를 일찍 맡게 되어 본능적으로 시간을 사랑하게 된다. 하필 가장 높은 파고, 가장 두터운 밀물 때 나의 직성直星이 떴나보다. 삶의 순간순간 모든 것이 해일처럼 밀려왔던 것을 보면. 공포라는 단어를 몰라 "무서, 무서" 하던 웅크린 아이가 자라서 시라는 것을 쓴다.

  하루를 도적이 앗아가고 계절이 전염되고 마디마디 째깍째깍 손상되었던 삶일지라도 모든 것이 쓸쓸할 때 차라리 버려짐을 운명이라 받아들였던 이유는 당신도 버려지는 삶을 살

앉던 것을 기억하기 때문이다. 퍼내면 퍼낼수록 맑아지는 우물 저 수정水井 안쪽에 당신이 소금으로 오는 동안, 나는 말더듬 글을 길어 올렸다.

2024년 12월 31일 이영화

제1부

갈대밭 고개 숙인 수염에 매달려
아득해지는 당신을 쥐고 있습니다
당신이 뽀얗게 소복 내려앉길
말간 소금으로 오시길
기다리고 있습니다

- 소금이 온다 中

소금이 온다

그리워해요
갈대의 수염 끝에는
눈물인지 땀인지 모를 원들이 달려있어요
실금을 타고 오르는 이끼처럼 자라났을 수염들
갈대가 사는 곳까지만 육지라기에 화들짝 놀라
당신이 태어나고 뛰놀았을 해안선을 지도에서 더듬으며
끊임없이 파도에 밀어 보내셨을 생의 척추를 짚고 있습니다
아무리 밀어내도 우리는 가장 가까이 있었습니다

두레박질만 하다가
수도를 처음 들이고 꼭지를 틀었을 때
온몸의 구멍에서 뿜어져 나왔던
당신이 마련해 주신 환희를 기억합니다
가뭄과 중독은 한 몸으로 포개져 있었습니다

시간이 흐른 아침나절 마당
당신은 오늘이 소금 오는 날이다 하셨어요
소금 창고 뒤쪽 멀리로는
수계와 지상계를 나누는 갈대들이 눈물을 털어내고 있었고
갈바람이 나풀대며 창 새로 드나들었지요

볕이 눅지근 군불로 달궈지고 구름은 적당히 비늘 같은 날
우연한 깨달음이 명확함이더라 고해의 무늬를 만들고 계시나요
오지 않을 만남을 쌓고 무너뜨리며 비켜갈 바람을 잡아끌던 날들
삽자루 위로 뭉근한 달빛이 내리면 울음소리 하나 절 긋고 갔습니다
기척도 소리도 없이 두려움이 창고에 쌓여갑니다

소금도 나이를 먹기 마련일까요 나이는 소금처럼 오나요
이렇게 짜기만 한 생인데 어떻게 쨍하니 깨지는 볕이 아닌
온화한 미풍으로 한 조각 비늘로 오시나요
갈대밭 고개 숙인 수염에 매달려
아득해지는 당신을 쥐고 있습니다
당신이 뽀얗게 소복 내려앉길
말간 소금으로 오시길
기다리고 있습니다

미항美港

반세기를 돌아서 왔다
어느 품에 들어야 할까
이념은 머리 장식을 빼고 빗도 버리고
풀어진 머리로 오로지 소리만 들으라 한다
항구가 소리를 낼 리 없으니
헤진 돛과 도포가 당도한 곳이 내 집
애들 부르는 아낙들 저녁 소리 시끄럽다
이놈의 반도는 끝도 없이 층층으로 잘도 사는 것을
분별없이 너무 멀리 왔다

얼간이들 배도 대기 전 훌떡 뛰어내려 아무 품에나 안긴다
가벼워지는 배의 무게만큼 혼자 닻을 내리느라 무던히 흔들렸다
주머니에 넣어 둔 심장이 펄떡일 때면 신발이 벗겨지는지도 몰랐다
푹푹 빠지는 모래 주름 밟고 불빛을 향한다
서러워 옷가지를 벗으니 야만에 젖는 발

바라보는 자여
투박한 언어로 붓칠을 하는 자여

복종의 팔다리에 솟아난 겹겹의 자욱이 보이는가
돌아오는 이여
밧줄 하나에 끌려오는 이여
신념의 닻을 내리고 생을 매듭 짓는 서러운 인생들에게
굽은 품을 열고 멍든 젖을 내어주는 이놈의 반도는
끝도 없이 아름다움으로
칭칭 감겨있다

바다에 묻다

자박자박 걷는다
왼쪽은 염전 오른쪽은 파밭
염전과 파밭이 두렁을 두고 병립하는 아이러니
짠물에 머리칼을 담근 파 다발 다발들

저벅저벅 걷는다
유령선을 깨부수러 가는 길
바다 끝에 서 있을 당신을 만나러 가는 길
부유하는 기억의 토막을 걷어내고 바다를 재우러 가는 길

여긴 네 땅 아냐 네 집 아냐
땅이 출렁일까 두렁이 휠까 두렵다
키 큰 나무들 지나치니 난쟁이가 되고
당당하던 가옥들 돌아보니 이파리 한쪽보다 작다
몰아치는 아우성과 술렁임이 사라지면 그리움도 소멸하겠지

염전부는 헛헛한 성을 쌓고 있다
연신 퍼 나르고 두둑두둑 누르지 않으면 녹아버릴 성
연속적인 무너짐은 잉태를 위한 점멸인가
얼마나 더 무너져야 당신이 웃을까

시리도록 물비늘 작열하는 바다에서
어쩌면 사람보다 짐승들 더 오갔을 이곳에
신열을 맞은 새끼처럼
당신을 불러내어 녹인다

벽두에 깨시어 너른 들판을 뒤로하고
비켜선 가로수들과 적산가옥 가랑이 사이로
서러운 물 한 방울씩 떨어뜨리며 휘적휘적 가셨나요
갓 태어난 해를 머리에 이고
절벽의 허리춤을 잡고 서 있을 당신
철썩이는 파도에 발뒤꿈치를 깨물리며
눈 감지 못해 일렁이는 당신을
탈바꿈을 막 마친 성충 하나
빈 눈동자에 받아 냅니다

고사리를 불리다가

꼬불꼬불 산울타리를 우적우적 걷는 두 개의 등
서덜의 비린내와 꺼진 불씨 냄새가 비듬처럼 달려 있는 두 등
선산을 돌고 돌아 붉은 흙을 말없이 다독이는 칠십여 성상 둘
일 억 년도 넘는다는 어린순의 기원을 만나려면 깊이깊이
가야지

구렁이 한 마리 재각 앞에 떡하니 앉아 있기도 했다는 전설
꽃뱀 정도야 작대기로 때려 쫓아버렸다 구렁이 신께 읍하고
들어가 쉬마 고사리 한 움큼씩 양손에 잘 들고 왔다 절하고
성상 둘은 산채山採한 해묵은 소원을 쟁이 위에 진상한다

두 등의 종교를 한 움큼 한 움큼 담근다
묵은 볕에서는 아궁이 냄새가 난다
유혈목이의 비늘보다 가볍게 뜨는 냄새
펴보지도 못한 꼬깃한 주먹들의 자맥질

붉던 흙이 썩었기에 물도 따라 녹슨다
여미고 쥐어 잡고 으깨고 쥐여 주는
마른 등줄기와 여린 손들의 태동
선산 송진 내음과 뭉게구름이
벙어리 약속을 한다

이틀을 각혈하던 어린순들 살이 오른다
조막만 한 깡치 퉁퉁 불어 깍지가 풀린다
우렁우렁 얽힌 등이 풀린다

건져 낸다
갈색 일 억에서
뿌예진 칠십 성상
둘을

달개비아재비 종이꽃

성품이 곧았던 여인은
산소에 들렀다 오는 길이다

둑방길 사이로 펼쳐진 강의 흉상
머리칼부터 풀어헤치는 투명한 눈물길은
강의 숨골 따라 오르내리는 가슴골 되고

머리에 달개비꽃을 꽂아 달라 조르던
너무 사나워 예뻤던 계집
가슴팍에 미나리아재비꽃을 숨겨 온
영민하여 물풀 같았던 계집
닳고 닳은 노래 다발을 하나씩 꺼내며
떨고 있는 나목을 위로해 주던
미나리아재비 달개비 계집

화관을 버리고 풀피리로 부르는 상여가
패장의 선창이 된 생의 곡조를
여인은 나비 걸음으로 한 발 한 발 넘는다
끝이 없을 허공이기에 종이 걸음도 오른다
콧잔등 끝에서 고집스럽게 반짝이던 후회

기척 없이 다가온 이별이
기별 없이 찾아온 조우가
이국의 꽃으로
큰 송이로 핀다

배고픈 소년에게

소년아
오늘도 다락으로 숨어들었구나
어제의 먼지 위에 다른 먼지가 쌓여있더냐
취기가 잔뜩 오른 오른손의 냄새를 먼지가 품고 있더냐

물방울이었던 네가
빙점을 겁도 없이 넘어 된서리로 굳었는지 얼었는지 하얗고 동그란 등을 보일 때면
네가 힘껏 내려치는 빨간 낙서투성이 책상이 되고 싶었다
까맣게 절은 손톱으로 뜯어내고 뜯어내어 투명해진 네 팔꿈치이고 싶었다

벽을 자르고 들어온 옆집 계집의 철딱서니 없는 노래가 귀를 다치게 하였구나
너에게도 뜯어지지 않을 기다림과
침묵이라는 약초가 필요할 때가 온단다

채마밭 푸성귀들 보채는 소리에
호미 쥐고 잠든 몸집 큰 아낙처럼
터무니없이 너른 세상을 두루 만질 눈을 갖기 위해서 쓰디쓴
세월이 흰 수건으로 동여매져야 할 때가 온단다

밤새 울타리가 바람에 헐렸는지 백단향 자욱하다

가시 돋친 냄새를 싫어하는 너는 자꾸만 눈을 돌려 나를 찾는구나

꼬리가 단단하게 설 때까지 앞서가 밭을 일군다

곡조 하나 이기지 못해 깨진 처마 끝에서도

해가 이울고 달이 가문다

지나간 그림자는 절대 밟을 수 없으니

그을음을 닦으려고도

어스름 등잔불을 피하려지도

빛이 기어이 새어드는 문구멍으로도

어미를 떠올리지 마라

탈삽 脫澁

저기에 걸려있는 것은
부패한 가을이 만들어 낸 효소
떫디떫게 매달린 시큼한 기억
마당 한 켠에서 운명의 보초를 서던 가녀린 총신들
언젠간 끝난다고 두려움은 비겁이라 했지

여기에 달려있는 것은
비보다 더 잘게 박힌 유탄 같은 맹세
달디달게 거꾸로 자라는 농담의 정령들
발밑에서 뒹구는 먼저 떨어진 희망들아
남발했던 패러독스를 거둬 줘
이곳은 빗물조차 독주가 되는
검은 웅덩이로 가득해

시간이 품어야 했던 것은
사슴의 사슬을 풀어주는 손과 미처 옮기지 못한 발 하나
우려내고 우려내느라 미처 거르지 못한 마음 한 쪽이었다

비보다 더 흐느끼다 바보가 되어보았나
매달려 있는 것들이 다 불용성인

울음이 얼마나 달콤하여 떫은 줄 알아버린

어느 해 가을 한 날의 후회 한 삽

집 앞 소고小考

매일 집을 일군다
교만하게 자신을 키운 형벌로
몸살을 앓는 집을 더 엄격하게 일군다
슬리퍼를 끌고 저녁 장을 보러 나오니
빠진 이빨 자리처럼 나만 까맣다

매일 바늘 시계에 나를 걸었다
버리지 못한 옷과 입지 못할 옷들을
계절 잃은 장롱에 던져 넣으면
미숙하고 어린 투사投射가 튕겨져 나왔다

하늘 한쪽 끝 울다 만 노을이 차오른다
뜯어진 지갑이 슬리퍼 옆으로 떨어진다
햇볕에 세뇌된 집들 앞에서
끌리는 발소리를 죽일 수도
짤랑거리는 지갑을 주울 수도 없다
문이 열려 있어도 발을 들일 수 없다

등 하나 없이 펼쳐진 배경 위로
따라온 바탕색 저를 가누지 못해 쓰러지고

살대 부러진 우산이 울어대던 저녁도
정오의 낙서로 가득한 겁에 질린 벽들도
모퉁이를 돌아 집 앞에 서면
모조리 지워졌길

낮은 목소리

고운 님
홰가 치기 오래전부터 채비를 하셨나요
무릎은 괜찮으신가요
저는 새벽 운동을 한답시고 나와선
드높은 척 시치미 떼는 얄궂은 하늘의 옆얼굴을 보고는
왠지 화가 났어요
어제 토한 문자가 오와 열을 이루어 하늘을 덮고 있더군요
골짜기를 내딛지 않으려는 소의 고집스런 발굽이
팽팽하게 당겨진 생의 고삐를 끊어내고 싶었구나
여겨주세요

죄책감에
사춘기 여드름을 정신 놓고 눌러 짜내듯
볼멘소리로 당신을 찾고 있었나 봅니다
모든 것이 어제와 같은 집
당신에게서 겨우 얻어 온 여열을 잃을까 두렵습니다
살찐 버섯을 달고 있는 삐쩍 마른 고목의 몸통에 물을 적셔 줍니다
닭장을 훔치고 난 걸레만이 어제와 달리 왼쪽으로 비틀려 있어요

손잡고 함께 공전하지는 못하더라도
혼자 돌지 못해 단단한 중력을 갖지 못하더라도
같이 떠들며 소란스런 아침을 맞이해요
그러나 우리 기약하지는 않기로 해요
오늘은 조금 다른 잠을 잘래요

상수리 서사敍事

갈나무와 참나무는 목조선이 되기도 하였다
딴딴한 골격으로 물살을 가르고
가지를 흔들어 조타하고 항해하는 참삶

참나무와 갈나무는 앤티크 가구가 되기도 하였다
볕에도 물에도 견디었던 강인함에
옻칠까지 떡하니 입혀 부활하는 갈보리 삶

상수리나무 몸통은 나이테 대신 진액으로 채워지고 있다
성홍열을 앓아 두툴해진 머리를 부딪치며 뒹구는 자식들
근본이 없는 몸은 쉽게 점령되는지 구멍들이 커지고 많아지고
둘 다 아니라면 노라도 되고 싶었다는 상수리의 서사

초록이 짙어지면 검은빛이 난다고 해요
검은빛이라면 내 머리색이니 초록이 슬플 일은 없습니다
물을 이기지 못하면 썩는다기에 날마다 물가를 향해 굴러요
몸이 배가 되고 벌레 구멍에 노를 넣고 행진하는 꿈을 꿔요
뜩뜩하고 무겁고 쓴 것이 내 맛이라는데 그럼 뭐 어떤가요
달콤함이 세상을 죽였으면 죽였지 먹여 살린 적 없어요

몸속 유충까지 갈아서 죽을 쑤던 묵을 쑤던 발로 차던
도토리 비슷한 열매라도 되어서 다행입니다

식량이나 사료나 먹이나 다 죽고 난 후 일
주머니 빵빵하게 자루 가득 양손 그득
열매를 담은 손들이 그저
기쁘면 그만입니다
오래 기쁘길 기도합니다
배도 가구도 노도 썩지만
기쁨의 양분은 썩지 않아
씨앗에 걸맞으니까요

씩씩한 널 위해 팔을 늘리고 키도 키워
웃음 많은 그늘이 되어 줄게

편히 구르다 쉬다 졸다 잠들 수 있겠어요
마침 겨울입니다

말벌의 비행

덜덜 밤새 드르륵 재봉틀 소리 컸다
언니가 만들어 준 누비옷을 꿰입고 오리나무 밑동 비루한 집을 나선다
몸 마디를 잇는 솔기 한 땀마다 미어캣들이 노래하고 있다
끓는 물에 흰자위 풀리듯 뻣뻣한 몸 빈 하늘에 풀린다

가까스로 뽑아 올린 날갯짓의 속도보다 더 낮고 멀지 못할 비행
최루가스 뭉개진 냄새 한 숨 들여 몸을 굴리고 침 한 번 눈 딱 감고 삼키면 그 시간만큼은 버틸 수 있으리라
6개의 현이 손잡고 만든 바다에 풍향을 기록한다
88개 건반이 망치질로 빚은 가마에 계절을 입사入絲한다
썩은 둥치가 아닌 살림집 지붕 아래 내밀하고 견고한 터를 만들고 말리

피를 흘리는 생명들 제 얼굴은 보지 못한다
기껏 얼굴을 가리기 위해 무엇의 얼굴에 생채기를 낼 뿐
담금질을 막 끝낸 대기가 사이렌을 울린다
된바람이 풀무를 돌려 헛헛한 집터의 도면을 바싹 말린다

수액을 다 토해낸 나무는 불땀을 올리고 황황한 희망을 쌓
는다
불쏘시개가 되어라 화염방사기에 다 타 없어져라

소태가 된 화밀을 끼얹는다
지나던 새 더부살이 봇짐보다 작아진 몸뚱이를 쪼다 간다

내려다본 거기
그을음을 남기지 않기 위해
활활 타오르던 화폭

생의 6월, 그 불변의 포인트

새벽마다 개는 상추밭을 파헤쳐 놓았다
꿈속에서 이 가지에서 저 가지로 옮겨 가는 일은 잠꼬대인 척하는 것만큼 쉬웠다
나태함이 쾌락의 껍질을 벗지 못하고
머릿속 깜깜한 방들의 불을 간신히 켰을 때
파헤치는 일을 마친 개는 늑대의 목청을 뽑아내었고
불빛이 깨운 울음소리는 새벽달에 닿았다
개와 나는 새벽이 되어서야 한 살이 되었다

1973 여름
단발머리와 교련모教鍊帽는 서로의 손을 꼭 쥐고 마당에 서 있다
하나가 된 둘이 젖먹이 둘을 맡기기 위해 찾아간 친정 마당
동여맨 교복 치마 속 부끄러움에서 시작된 DNA
부른 배를 힘껏 발로 찼다
웜홀로 열릴 탈출구를 위해 울음도 오줌도 꾹 참아야 했다
좁아터진 등에서 최면 상태로 30년이 흘렀다

2003 겨울

빨랫줄을 들어 올리는 장대처럼 장딴지에 힘을 빡 주고 살면

훌훌 습한 시름들 날개 달아 증발시키면

빳빳하고 보송한 삶을 걸어가며 살 수 있을 거야

엷어지는 열정에 가늘어지는 믿음에 먹이를 주지 말자

움직일수록 파고드는 인연의 끈들도 자멸할 때까지 두자

2023 봄

여러 통의 전화를 끊었다

세월은 이렇게 모든 것을 훔쳐 가고

흔들리는 장대의 이미지만을 남겨두는가

마르지 않을 빨래를 안고 젊은 가슴이 뒹군다

다음 계절은 영원불멸 불변의 포인트,

생의 6월이도록 하여 주시옵소서

푸른 꿈 꾸는 붉은 낙타의 슬픔

탐욕스러운 신은 세상의 반짝이는 눈들을 모아 반원의 천구에 빼곡히 두었다 주인을 잃은 눈들이 칠흑 어둠을 뒤집어쓴 채 얕은 숨으로 깜빡이는 사막의 밤 이글루의 아치가 되어 버린 천장 어딘가 시리게 박혀 있을 눈동자 하나

끝도 없는 풀밭에서 뛰논다 앉은뱅이 풀들이 발가락 사이로 삐죽여 간지럽다 달콤한 풀향에 취하여 달린다 굶주린 사자가 침을 흘린다 새떼들 불안한 푸드덕거림마저 간지러워 세상을 실컷 밟는 로시난테가 되어 자오선을 올라탄다

사막의 새벽은 채찍보다 아프다 잔털 속에 숨었다 떨어져 나가는 기억의 포말 밀려 나갈 때마다 한 더께씩 그리운 것들을 거두어가는 눈물의 포말 스콜에 밀려온 모래는 무른 그림을 그려 내겠지만 짜디짠 포말이 남기고 간 소금은 언젠가 어머니처럼 단단한 그림이 되겠지

인내심 없는 태양의 날숨에 기억이 녹지 않도록 눈썹으로 그늘을 만들며 느릿느릿 걷는다 샅샅이 몸을 뒤져 빈자리가 생길 때마다 추억을 담는다 짐승의 뼈를 고무가 될 때까지 씹어가며 덮고 잔 세월을 둘둘 말아 등짐으로 멘다 붉은 사막

의 움푹한 허리 그곳에 있을 푸른 눈동자를 찾아

태어난 풀밭을 버리고
붉게 타는 사막을 사랑한 원죄

불장난

세상이 부서져라 비명을 지르던 셋방 아줌마는 현숙이를 들마시하고 성화를 걸리어 철길 건너 뒷산으로 간다
한 움큼 빠져나간 머리칼만큼 아픔도 덜어내려는 듯 빨라지는 칼질에 목이 잘린 나물들로 가득한 바구니가 언덕의 빗면을 구를 준비를 한다

성화는 풀밭에서 뒹굴고 현숙이는 바구니를 타고 앉아 나물을 씹다 울고
점인지 멍인지 아줌마 눈시울이 아릿한 풀 향에 물들어 간다
키우던 해피는 집에 왔을 때 혼자 뒹굴다가 죽어 있었다
외국 개 해피는 몰래 사 준 딸기우유 대신 쥐약을 처먹었다
나물바구니 밖의 세상은 드라이플라워로 가득 차 있다

서로의 체온이 약이었던 시절
눈앞에 방바닥이 있어서 참 다행이야
세상에 등을 돌리고 배를 대고 잘 수 있으니
밤이면 콜록거리다 잠든 아빠의 토르소 뒤에서
리어카를 종일 끌고 이제야 숨을 고르느라 들썩이는 어깨가
먹지 않아도 되는 것을 기어이 먹고 파르르 떨었을 해피의
눈꺼풀과 닮아

등짝에 불이 나게 맞아도 등짝 돌려세우기는 멈추지 않았다
다 태워버려야지 불이 일어야 바람이 오지
데리러 오지 않는 엄마도 바빠야 하는 아빠도 그땐
가슴 구멍의 불로 일고 숭숭 바람으로 빠져나갔다
불장난을 하고 나면 울음보가 터졌다

조각달

우연히 교차하는 시선 둘이
발그레 물들어 붉은 달이 되고
어제의 판타지를 벗어던진
민낯의 낮달은
잠자코 내 옆으로
손 노를 저어 와 자고 있다

쪼그라든 가지의 겨드랑이 틈새를 들추고
떨켜로 잠든 영혼

두르르 몸짓으로 날 부르면
깎여나가고 다듬어진 입이
길 잃은 한마디 말을
잘근대며 씹고 있다

"부디 더 차오르렴"

날 기다리며 세상을 토해내는
차오르고 다시 부서질
나의 조각달

제2부

모든 것을 삼켜야 별이 된다는데
혐오는 삼켜지지도 녹지도 않아요
삼키지 못한 혐오가 비겁의 무기로 묵인의 증거로 쓰일까 두려
워 죽어라 꿀꺽여도 무력감만 철가루의 비린 맛으로 남습니다

- 별들의 전언 中

별들의 전언

변명들의 무수한 변주를 듣고 있습니다
하나였던 별이 지니 두서없이 새벽이 떨어져요
이슬마다 밤을 말리던 흉몽들이 가둬져 있습니다
불씨 하나에 화륵 바수어지는 계절에 별들이 삽니다

축제 끝 부풀은 방광으로 덜 익은 아침을 맞습니다
별의 소임은 하루라도 찬란하게 반짝이는 것이라 배워
책무로 가득한 월력에서 한 날을 구멍 내었습니다
하늘이 뭉개지고 살이 발라지는 곳에서 별들은 빛을 잃었습니다

뉴스를 종일 질겅이다 보니 또 저녁의 멱통이네요
길과 노래가 휜 섹스를 하고 멸종과 창조주가 흘레붙는데
별들만 왜 파삭 바스러져야 했는지 아무도 답 하지 않습니다
속도를 망각한 아침에 깨어 난장亂場이 된 밤으로 기어들기를 서른 날
영웅의 피를 모아 큰 별 하나 쏘아 올리니 겨우 잠에 닿습니다

부서진 별들로 불을 지펴 파삭한 만찬을 차립니다

때늦은 축전과 불온한 훼방과 교전의 신호를 깨끗이 쓸어냅니다
모든 것을 삼켜야 별이 된다는데 혐오는 삼켜지지도 녹지도 않아요
삼키지 못한 혐오가 비겁의 무기로 묵인의 증거로 쓰일까 두려워
죽어라 꿀꺽여도 무력감만 철가루의 비린 맛으로 남습니다

쉰이 스물처럼 떨고 스물은 쉰처럼 슬고
큰 별은 죽은 파리가 되어 납작하게 붙어 있습니다
별들의 신음이 큰 별에 닿아야 피가 돌고 신화가 된다는 전설
차가운 양수가 똑똑 떨어집니다

어린 축제와 늦은 만찬은 떨어진 빛을 모아 향을 피워냅니다
큰 별의 엄호 안에서 별가루들이 비로소 별무리로 오릅니다
닿을 수 있을 만큼만 먼 찰나 속에 별들이 산다고
떨어진 곳에서 시작하면 작은 빛도 증언이 된다고
별들이 전하였습니다

웃음

교구를 사 온다
이름하여 젠가 마징가 같은 젠가
너는 6살 너는 5살
프뢰벨 몬테소리 우주 생성 원리처럼 들리던
학습지 외판원 판촉원들의 혀 주술

네~~~어머님 가베 무료 체험 하고 가세요
똥그란 눈으로 부는 휘파람을 무찌르고

마트에 가서 싸구려를 당당하게 사 온다
합판 쪼가리 24개가 6천 원

너랑 너는 하루를 쌓고 무너뜨리고
무너졌다 울고 뺏고 싸우고

누구의 잘잘못도 아니야
가벼워서 잘 무너지는 거란다
조악한 육천 원은 버려졌다

견고하게 쌓을수록 순식간에 무너지는 것이

나날의 희망임을 알게 된 후 우리는
다시는 가난을 사지도 쌓지도 않게 되었다
대신 무너질 때 웃을 수 있게 되었다

아름다운 새벽

숲은 한꺼번에 자란다
온갖 몸짓으로 일렁이다 정물이 된다
불면의 창은 철저하고 차갑다
누군가 팔을 풀어준다면 활짝 젖힐 준비를 할 텐데

멀리서 태우다 만 안개를 밀고
트럭 한 대 산허리로 내려온다
동글동글 얼굴들이 피어오른다
매캐한 동심원들은 에덴에서부터 왔을까
가는 곳을 모르니 저리도 무례한 굉음을 남기겠지

두 귀를 먼 곳에 떼어 놓자
아무 말도 못 하고 뜨겁기만 한
생이 서럽다

생의 고열이 앗아 가는 것은 처참하게도 아름다움이었다
아름다움이 무엇의 반의어인지 죽도록 모를 터인데
눈 뜨면 세상은 온통
아름다움 투성이

줄 하나 이으며

전선 뭉텅이가 전신주를 누르는 곳에 살았다
두꺼워지는 전선 뭉텅이가 끊어져 불꽃이 튀는 날이면
공장지대나 공중화장실 앞에 버려지는 꿈을 꾸었다

이질적인 전선의 집약과 전신주의 단호함
분할된 하늘과 규칙적으로 말뚝 박힌 길은
고압적 혈행이었고 난도질된 꿈이었다

언제부터인지
전선과 전신주면 눈과 걸음이 멈춘다
공원 벤치에 누워 전선에 발을 날리고
오른발 왼발 1단에서 12단까지
전선으로 고무줄을 뛴다
철부지와 벤치와 발
전선과 전신주의 콘트라스트

길은 밀림이 되고 하늘은 묻히는데
나는 여전히 낡은 전선의 피복 같고
스러지기 직전의 전봇대 같지만
이제는 이어짐의 안온함을 알아
마음의 줄 하나 꺼내어 이어 본다

저무는 사랑

너는 저물 무렵 카페에 와 있다
쓴 커피를 앞에 두고 쓴 표정으로
맞은편 친구를 쏘아보고 있다
너는 저물 무렵 나를 그 카페에 불렀다
평온했던 친구는 석고를 쏟아부은 자세와 표정으로
늦게 도착한 나를 알아보지 못한다
나는 죽어라 쓰고 타자로 더디게 옮기고
오려붙인 그림들로 덕지덕지한 글을 펼쳐놓는다
둘이 웃는다

내 글이 너의 입에서 쏟아져 나온다
너의 언변 표정 웃음 수사
더디고 덕지덕지했던 한 달이 네 입을 통과하니 아무것도 아니더라는
내가 남자라면 꼭 너 같을 것 같아 마음 한 귀퉁이가 눌리고
눌린 가슴에서는 후회가

저물 무렵 나를 알아보지 못한 친구의 묵묵부답만이 위로가
되었던 카페 빈센트에서 셋은 빈센트가 되고

친구의 차를 타고 대학로로 향한다
막걸리 집 메추리알 두부김치 후미진 골목길 전봇대 돌 브로크

너는 벽에 기대 양팔을 벌린다 브레히트의 극을 시연하듯이 벽에 찰싹 들어붙어 들릴락 말락 방백을 한다

'둘은 끔찍하게 사랑했었다 서로를 끊임없이 역겨워하면서 그리고 나는 오늘 네가 역겹다'

이별마저도 멋지게 하려는 너
과거형이고 싶은 현재형 나
이렇게 끝나는 건가

울며 친구의 차를 탄다
집 앞 허벅지 근처 친구의 손

저무는빈센트역겨운겹겹의벽벽벽

사랑이 사랑을 몰라 사람이 사람을 몰라
몸부림이 몸부림을 몰라 요동치다가 저물면
사랑이 되는가
그래야 아름다운가

꽃 밥 시

꽃의 시제는 현재다
꽃술 하나라도 노래하려면 차려야 할 상이 즐비하다
좁은 주방에서 붕붕 떠다니다 레인지에 후드에 수전에 부딪힌다
꽃술을 받쳤을 꽃목과 줄기를 돌돌 말아 접시 위에 뉘고
밥상을 물리고야 찾아올 자유를 증오한다

꽃잎만으로 이루어진 꽃은 없으니
꽃의 시제는 과거이기도 하다
사랑하였던 과거의 참과 헛
엉성하게나마 사랑을 하였고
꽃이 되어 씨를 품었을 순간들
꽃덜미 음식을 올리고
꽃받침을 괴고 씨를 송송 뿌렸다
예쁘다 맛있다는 빈말들이
접시 위 장례식의 조문弔文이 되었다

물컹한 열매는 있어도 물컹한 꽃은 없다
몰래 담은 욕이 설은 밥 위로 떨어진다
감히 내가 사랑을 노래하다니 씨방을 가진 존재였다니

밥상과 씨를 헐값의 시로 바꿔 버린 수치심에 굶겨 죽인 꽃들
미숙한 사랑은 한 술도 쉬이 넘어가지 않았다

세상에서 가장 큰 꽃의 시제를 미래로 둔다
미래엔 말이지 물컹한 꽃이 분명 피어날 거야

꽃이 밥으로 익고 밥이 시가 되는
자주 피고 죽고 함께 꺾이고 다시 일어서는
찰나의 합이 꽃이 되어 나부끼는 때가 올 거야
익어 본 적도 피어 본 적도 태어난 적도 없는 세 음절
꽃 밥 시

허기가 성냥을 꺼내어

따라온 집착 따위는 불살랐으면 해요
따끔거리는 슬픔들을 감싸안아요

뿔각이 하나 더 생겨나듯
아픔 뒤에 무늬 하나 두르게 되었으니까요
사랑하는 이들을 가둔 고통도 행복도
허기가 오르면 다 먹을 수 있게 됩니다

나무 끝 벌레 먹은 과일이 우리일까요
내 나이와 아빠를 나뭇가지에 꽁꽁 묶어요
맺힌 건 시절이고 추억이고
묶인 건 멈춘 계절 같아

산수를 하듯이
열 손을 꼽아보고 풀어도 보고
반나절을 보내니 사방이 투명해져요
밥을 던져주세요
던져주시는 밥을 봉긋거리며 받아먹을래요

가을바람도 마른 잎도 높아지는 하늘도

우리의 제의祭儀를 알지 못할 겁니다
무엇을 묶고 맺고 남기고 태우는지는
우리의 약속 안에서만 성립합니다

허기가 성냥을 꺼내고
온몸에 불이 붙으면
배고픈 동안만 사랑이라시던 이유를
알게 되겠지요

TAXI

어둡고 그리워 택시를 불러요
급작스런 키스를 기대하지만
배경보다 남자가 먼저 갸울어요

사람의 흔적이 없는 택시가 왔어요
머리칼을 멍하니 물다 입 벽을 물었어요
아파서 내렸어요
보라 멍울이 입 벽에 차올라요
뱉어보니 아무것도 없어요
마른침만 길고 질기게 남아있어요

골목길을 더터가요
지렁이 힘줄같이 누운 꼬불꼬불 미궁을
길은 잘도 헤엄쳐 가요
닿은 곳에 해마의 꼬리로 섰어요
벨이 닿지 않아요

닿아도 안 울리면 어쩌지
울려도 안 열리면 어쩌지
그 택시를 다시 불러요
010 8282 1004

오던 길에 꼬던 머리를 꼬는데도
꼭 거짓말을 하고 있는 것 같아요
기사님이 룸미러를 자꾸 내게 맞춰요

전 그 여자가 아니에요 기사님
돌아오며 머리가 제법
기일어-졌거든요

무명씨 無名氏

무명씨
집시인 제가 푸르디푸른 몸짓을 가졌다니요
욕심껏 폭을 덧댄 치마가 다리를 휘감아 왔어요
춤을 추지 말았어야 했다는 생각이
아득하게 절 넘어왔습니다
텃새가 텃새를 물던 밤 전 태어났다고 해요
깜장 빌로드를 입고 발칙한 춤을 추었다고 해요
오빠들은 성전을 감히 치켜 본 죄로
서로의 발을 밤새도록 밟는 벌을 받고
언 달 아래서 서로의 발에 오줌을 갈겼대요

무명씨
집시의 빨강 치마를 두르고 태어난
제가 켤 수 있는 현은 어디 있나요
결국 높고 빈 그네를 구르게 될 것임을 알면서도
컹컹대는 밤일수록 몸이 달아올라요
숲새가 숲새를 묻던 날 전 태어났대요
그때도 환성을 지르며 독한 춤을 추었대요
오빠들이 가슴을 들추어 호오-호 불어 주어야
이불깃을 어미 깃인 양 물고 잠이 들었대요

무명씨

달만큼만 숨을 쉬는데도 어깨가 바스라져요

바스라지는 마디에서 서로이면서 홀인 것들이 자꾸 생겨나요

참지 못해 낡은 기억을 하나씩 목매달아요

한 눈으로 깜깜한 밥상을 차려 놓고서야

두 눈으로 잠들 수 있는 의안義眼의 아이가

이름 없는 사람들이 찾아와

몸을 나누자고 졸라요

울다 지쳐 잠이 들 영혼들을 위해

거세한 마음을 남겨 둡니다

병상의 하루
— Random 아래 Ransom

버렸던 사진이 돌아왔다
이유를 알 수 없어 굳어버린 포옹
잠언을 풀지 못한 사각의 액자가 먼지를 털며 깨어난다
경직된 육체와 우매한 눈동자들 집결된 곳
모두가 무언가를 숨기고 있다가
헐떡거리는 경동맥에 깃발을 꽂는다
벌어지기 시작하는 기억에 알코올을 쏟아붓는다
걷잡을 수 없이 몰아치는 이 불안을
기꺼이 집어삼켜 주는 우주가 있을까
더 깊이 가라앉는 내일 밤까지만 유효한
Random

흔들리는 눈동자에만 축이 없다
선천적 귀엣병이려니 입을 닫았다
일 년을 내리 달린다 그 일 년에
모든 것이 콸콸 쏟아져 내려가길 바랐지만
좁은 목구멍은 자정의 베란다에 서서
검어오는 빛을 품느라 앉은뱅이가 되어가고 있다
어느 거리를 헤매다 온 건지
걸치고 간 옷은 어디에 버려두고 왔는지

돌아올 거면 조금 늦게 가야 하는 게 마땅했다 분노하는

기다리느라 풀지 못한 팔짱 앞에서

주억거리며 우는 빈 숟가락

그 오목렌즈 안에서 뿜어져 나오는

오늘의 Ransom

귀 기울이는 바람

장삿집 빨래 더미에서 태어난 그것은 마음이 기댄 쪽으로 분다
방언을 엮어 곡조를 만들며 잔금들에 얽힌 이야기를 푼다
단내 나는 입김으로 삭정이 부러지는 소리로 온다

복잡한 머리가 낳은 꼬리가 꼬리를 물고 제자리 돌기를 하는 곳
스스로를 붙박을 족적을 구상하며 피로한 웃음을 서로의 입에 떠 넣어 주는 곳
매의 눈을 가진 주인이 시간을 보려 손목만 들어도 거미줄이 등을 당겨 왔다

아플수록 빠져나온 수액은 윤기가 났다
지식인들이 정담을 나누고 종교인들이 화답하는 고급 살롱에서
영원한 광택을 발하는 벽화이고 싶었던 존재가
가까스로 상실의 언어로 마비된 입구를 나섰을 때

우상을 심판하려던 축대들이 무너진다
열린 대기와 숨죽이는 내리막길

미지의 냄새에 눈물이 흐른다
사라락 바람의 머리카락을 빠져나와
서걱대는 마음자리에 도착한다

자세를 낮추고 기다리고 있다.
더 큰 과오를 안아 줄
더 커다랗고 위대한
과오의 바람을

난독 일기

책장의 날은 번뜩이고 행간에는 수렁과 지뢰가 숨어 있다
광어인가 사시인가 앞뒤도 모르고 좌우도 못 봐
이리저리로 쏠리다가 절름발이로 문장 속에 처박힌다

문자의 날에 베인지도 모르는 몸뚱이가
덮인 책 위에서 춤을 춘다
책은 꿈을 천당과 지옥으로 가르는 혹독한 칼
글자를 통째로 먹어 치워야 다음 글자다
자간이 아득히 멀다

사과를 통으로 삼켜야 용서와 심판을 알 수 있다니
왼쪽부터 읽고 위에서부터 써야 순행이고 동화라지만
엄마 아빠를 발음하고 쓰면
굴처럼 닫힌 입이 열려 동굴이 됨을
같은 음가여도 구조構造라는 옷을 입지 못하면 버려지는 구
조임을 아무도 모른다
책은 벙긋거리는 입 앞에서 보란 듯 쾅 닫히는 문
뱃속부터 종성이 중요했던 나만의 어법은 어디에도 없다

해체되는 것이 얼마나 에로틱한데

신화를 버린 비논리의 연상이 얼마나 짜릿한데
진부한 오럴과 비밀과 규칙의 온실 안에 살아야 하는지
언제까지 위장과 허세를 계속해야 하는지

매일 착착 찍혀 나오는 활자들은
사자들의 전리품이요 지적인 여우들의 오락
세상보다 먼저 두꺼워지는
책은 영원한 감옥
난독과 낙인을 같은 뜻이라고 썼다

암순응

맹인은 척추를 곧추세우며
점자로 이루어진 경전을 읽어내듯 길을 나선다
여윈 손가락에 주섬주섬 한숨을 걸고
구겨진 손등으로 생의 고통을 연주하며
타악 탁 애달픈 음표를 찍어내던 지팡이
홀로 핀 오랑캐꽃 앞에 멈춘다

횡으로 꺾인 꽃대가 어찌 이토록 붉은 꽃을 피워 냈을까
백사장 모래알 사이로 어찌 이토록 짜디짠 뿌리를 내렸을까
이십 년 전 내리운 달빛의 사슬에 묶여
한참을 머뭇거리고 있다
꼬박 하루를 물길을 헤치고 온 체념의 배가
실은 짐을 내리지 못하고 있다

바다가 눈물을 씻어 줄 거라 믿는 어리석은 젊음들
돌아오지 못하고 뒷문으로 빠져나가기만 하는 사랑이
삐뚤어진 그림으로 벽에 걸린 간밤의 뜨거운 신념들이
비 떠난 바다에서 출렁이고 있다
퀭한 눈에 아침 빛이 걸어 들어온다

소년의 몸에서 흐르던 엘도라도의 꿈
세상을 빙 돌아오는 매 한 마리 눈을 마주친다
깜깜한 세상이 도벽처럼 스밀 터이니
바보들의 세상을 나와 천국의 촛불을 찾아
휘이잉 바람을 가르고 가자 한다

오랑캐꽃 향기가 코를 찌른다
해가 종일 져도 향기가 있다면
더 이상 어둡지 않다

목성의 일기

뽀얀 가루 하나
쏟은 물을 닦던 바보 같은 여편네 앞섶에 내려앉았다
한 점의 욕망이 흘끔거리며 품에 들었다

부득이란 말이 존재하지 않는 세상에서 살았다
같은 집이 없는 세상이어서 빈정대지 않고 살기 쉽지 않았다
점차적으로 소멸할 것 따윈 다 내쳤다

몸을 틔우는 거냐
백치가 품던 새끼도 피투성이로 태어났지
주근깨 한 점이 태양의 흑점 속에서 자란다

서글픈 세상에서 살아왔다
벌거숭이를 칭송하는 세상이어서 무례를 휘두르며 살았다
틔우지 못한 눈들을 모아 줄래?
창조주가 아닌 피조물의 위엄을 연주해 주렴
베어 문 쌀알의 일 년 세대 세기의 연대기를
씩 웃으며 뿌려다오

굶주린 세상에서 살아보지 못했다

뚝뚝 떨어지는 열매들의 팬터마임에 눈물지었을 뿐

나에게도 모두가 점인 적이 있었다
별이 되지 못해 별무늬를 품고 살아온 내가
채워주기를 기다리는 가녀린 너를 위해
품을 벌려 벌집으로 살기를 용인한 날

서로 다른 질서로 빛날 우리
붙박이로 가득한 이곳에서 시작된
정연하고 따스한 성립

꽃

꽃은 모델이길 바랐는데
노예가 되었다
아름다운 노예
꺾거나 버릴 수 있는 마음이 생기게 만든
저항할 수 없이 죽음을 받아들이게 만든
힘센 짐승

꽃은 고아를 좋아한다고 했다
고아는 꽃을 보면 고통스럽다고 했다

고아는 꽃을 꺾어 머리에 심는다
꺾이고 버려지지 않기 위해
꽃을 꺾어 가슴이 아닌 머리에 틈만 나면 심는다

꽃이 되지도 못하면서
톡 목 꺾이는 아픔을 모르면서
죽음에 물을 주며 함께 슬퍼하고 희열하는
이상하고 외로운 사람들과 살던 꽃은
머릿속에 만발하여 행복하였다

제3부

터질 듯한 몸뚱이로 사는 건 형벌이다
부서지기 전 스스로 기화하는
드라이아이스

- moonglow 中

moonglow

늙은 달은
나무 끝에서부터 으스러진다
그것은 재갈을 물고 있다
사그라지기 전
푸른 수염을 발처럼 내리고
납빛 웃음을 풀밭에 흩뿌려 놓는다
신음을 내지 않고 사라지기는
얼마나 어려운가
터질 듯한 몸뚱이로 사는 건
형벌이다
부서지기 전 스스로 기화하는
드라이아이스

자락 自落

늙은 개의 혓바닥처럼 늘어진 외로움에 목이 바짝 타들어 갔다
냉수를 벌컥벌컥 들이켜고 고개를 떨구자 비로소 보이는 발끝
눈에 스민 바깥세상 냉기들에 입이 옴짝달싹 마비된 날
집집마다 향기에 취한 새 떼들이 날아오르던 가지 끝
햇살에 파묻혔던 대지가 들어 올리는 하이얀 경배
푸른 숨이 찌뿌둥한 기지개를 켜던 대지의 끝
머뭇거리는 발걸음 따라 수줍게 드는 축배
환멸만 남은 슬픈 중년을 위한 하얀 춤
작품의 가면과 닻을 빼지 못하는 배
침략자의 웅장하면서 잔혹한 춤
그래서 올린 다음 내리는 발
찬송가 악보 코다쯤의 춤
조금 더 기울어진 발
그다음 창밖 땅
그래도 도발
그리고 땅
이창 裏窓
경쾌한
추락
쿵
!

떨어지는 것은 아름답다

언어의 감옥

같은 언어를 쓰는 사람을 만나고 싶다
같은 말을 하는데도 나만 삐딱한 말본새다
엉성하게 말을 하고 뒤뚱거린다 비극적이다

한때 말을 잘하는 사람이었던 적이 있다
모두의 언어에 맞출 수 있는 능력이 있었던 때가
말갈기를 날리며 무서운 줄도 모르고 이 말에서 저 말로 옮겨 탔다
버림받은 말도 소외된 말도 평범한 말도 타고 달리면 절로 박차가 세지고
뽀얀 먼지바람 일며 박수가 따라왔다

한때 말을 없애고 글로 산 사람이었던 적이 있다
하고 싶은 말과 해야 하는 말을 입안에서 굴리고 굴리면
사탕으로 녹기도 피어싱이 되어 단단해지기도 했다
쓸모없는 글로 만들어 꿀떡 삼키는 것이 황홀했다

그러자 말들은 빗겨가고 글들은 무릎걸음으로 왔다

지금은 말도 글도 줄줄 흘리고 다닌다

표정은 치욕적이고 차림새는 굴욕적이고
말을 잘했던 때의 말들을 주워 담아 보았다 바스락 부서진다
봉인되었던 글들을 풀어주니 날뛰는 꼴이 보아 줄 수가 없다

거울을 눈앞에 붙이고 다니는 것처럼 상냥한 사람들
카탈로그에서 튀어나온 것 같이 컨셉 좋은 의상들
각각의 말로 이리 튀고 저리 튀는 무리를 뛰쳐나와
왼발 왼발 다음 오른발 오른발을 내어
따뜻한 언어의 감옥에 수감된다

낮은 다른 말의 시간
밤은 다른 글의 시간

말글 없이 내밀한 감옥에서 영원한 죄인으로 살고 싶은
수인囚人이 수인囚人에게 올리는 언문이다

목신의 늦은 오후

흐르는 음을 따라가고 싶다.
민무늬로 흐르다 당도한 곳이
그곳이었으면 좋겠다

작업실에는 더럽혀진 면봉들
허리가 꺾여 있다
부러진 아픔을 쓰다듬고 보듬고 들여다보고
가만히 내려놓는다

날 세운 대패가 현란한 빛을 뿜어낼수록
풀 풀 톱밥 까시랭이들은 충실한 춤을 춘다
발로 차 버려도 대열을 다시 정렬해서 오는
빌어먹게 모든 것이 정돈된 날
애먼 자귀질에 송골송골 맺힌 집념
장도리로 뺄 것인가
더 깊숙이 넣을 것인가

커피를 안치니 육신이 달구어져 있다
티팟의 뚜껑을 내동댕이친다
전두엽이 후련하게 날아가 버렸다

내일은

휜 못을 먼저 골라야한다

가벼움에의 경외

잘못임을 아는 순간
따라온 그림자가 일어서는 것을 보았다
우린 오늘 나란히 서게 되는가
같은 색으로 바래질 설렘
사랑 앞에서 죽음까지 소명할 용기를 주시고
눈까지 멀게 해 주신 신께 감사했다
겨울을 앞둔 낙엽들에게 이해할 시간이 존재할 리 없다
영원히 정지될 아름다운 찰나가 있을 뿐

오는 것들이 늘 그랬다
대수롭지 않게 모른다고 말하였고
미증유 문제를 같이 푼답시고 책상에 앉아
서로의 빈 주머니를 뒤집어 보이며 크게 웃었다

침묵하던 것들이 온갖 농을 걸어오는 시간
의미의 덫에 걸려들면 더 크게 웃었다
몸을 누이면 찾아드는 아픈 꿈의 예감에
밟힌 마음을 달래고 훔친 노래를 부르며 열망을 끈다
가면 가게의 입구에서 아침을 맞자

거지의 가족을 떠올리는 익명들
정욕 앞에서 무릎 위로 얼음보다 준엄한 눈물을 떨구는 청년들
현실이 절대 될 리 없는 시간을 일구는 존재들

길 잃은 서정이 몸 부릴 데를 찾아 헤매지 않기를
뒤집힌 배 위에 앉아 노래를 부를 날이 오기를
그 무엇도 방해하지 못하도록
너만은 꼭 가볍게 오기를

묻고 묻고 묻다

잠잠한 새소리를 들추면
신발을 항상 바꿔 신는 아이가 있다
눈 대신 의지의 감촉을 믿는 새끼 고라니마냥
어미의 흔적을 찾고 있다

움직이지 않는 바위를 찾아 나서자
흔들거리는 초록이나 꽃의 화려함 따위는 믿지 말자
큰 봉오리 슬픔 또한 크게 피우고
풀꽃은 꿰맨 상처 아물 리 없으니
벌 나비의 날갯짓부터 풀벌레 울음에 이는 흙바람까지
모든 것이 가장 두려워하던 모습으로 자라고 있던 이율배반의 숲
죽은 신념들 위로 보란 듯 충혈된 교회의 새벽이 찾아 와 있다

하필 광장 한가운데다
의심의 모세혈관이 수맥으로 뻗어가는 곳
얇은 층만을 골라 실핏줄로 유유히 흘러온
우스꽝스러운 질문들의 소각장

아이들을 숨긴 골목은 화장化粧을 기다리고
더듬더듬 벽을 눕히는 햇빛 속으로 숨는 새까만 아이들
골목골목 모아지던 어린 숨소리들로 반짝이던 대낮은
공중곡예사가 되어 어지러운 균형감이 신났던 시절은
구호라도 부르짖고자 숨이 가빠졌던 고도高道의 시절은
집 나온 청년이 처음 마셨던 시원한 공기는
모두 어디에 있는가

시도 젊음도 왜 썩은 각목처럼 나약한가
무엇을 묻혀 어디에 묻고 이곳에 왔는지 묻는다

질문들

널 가질 수 있을까 어떤 것도 해하지 않고?
아무것도 밟지 않고 오를 수 있을까 구름처럼?
숨 없는 조화여도 예쁜 척 살 수 있을까?

줄을 서 빵을 사는 사람들 대열에 끼고 싶다
두꺼운 책을 펴고 커피를 내리며 글자를 마시고 싶다
달에 한 번쯤은 신상 등산복으로 산을 찾고
긴 머리 키다리로 버들길 자전거로 달리고
욕조에 미온수를 채우고 몸을 담그고
슈베르트와 와인을 홀짝이다 불콰해지면
가운 달랑 두르고 캐노피 리본 풀고 여왕처럼 잠들고
나을 때까지 핥고 핥아주고 싶다

빵집의 열은 일찍 깨어도 빵보다 부풀어 있다
글자는 분해되고 책장은 꾸덕이고 커피는 쓰기만 하다
무리들이 등산복으로 산의 철을 앗고 얼룩덜룩 가르고
운전대 옆으로 흘끗 본 버들은 효수되어 있다
LP도 와인도 없을 게 뻔-한 공간의 빗장을 지르고
물때 잔뜩 낀 욕조에 애벌 빨랫감을 담근다

창가가 저만치부터 붉어온다
붉은 것들의 인력과
스러지는 하루의 불협화음이 만든
광시곡을 듣기 위해
쓰레기를 보이는 대로 챙겨 나간다
소주병이 슬개골에 부딪친다

빈병

술병에 눈물이 반쯤 차올라 있다
반쯤 말라버린 걸지도 모르지
반쯤 차올랐다면 기다란 몸을 감싸려
부둥켜안은 손마디를 풀지 못해 울고 있었음이고
말라버렸다면 건조 경보였던 어느 여름날
바득대던 삶이 병목을 탈출하다 증발한 것이고

떠나보내려는 병에 담아야 할 것은 없다
담지 말아야 할 것들이 배웅하지 않기를 바랄 뿐
빈병은 막차 시간을 떨군다
첫차를 마중하려는 생명의 트릭
지금쯤 어느 트럭 짐칸에서 요란하게 구르고 있을
빈병에 실어 보낸 사랑

차오르는 육체에 꽃이 핀다
손가락과 발가락에 핀다 입술과 귓불에도 핀다
바람과 놀다 긁힌 이마의 상처에도 핀다
베개를 찾은 목소리에도 핀다
밭은 기침을 하며 침대로 기어가니
완벽하게 비어 있는 몸이 되었다

딸 어디니

딸 어디니
아빠 보고 싶어요
아들 괜찮니

딸은 범나비
아빤 헤르만 헤세
아들은 쇼펜하우어

아빤 정원사
아들은 차이콥스키
딸 대체 어디니

아들은 이상한 신을 믿고
아빤 어디선가 신이 되셨다는데
딸 너는 내 옆이 아니고 어디니

하늘은 쪽빛 치마를 입었는데
은비녀 쪽이 진 머리인데
신이여 왜 저만 기다리고 있나요

봄

당돌한 노브라
익살맞게 먼저 핀 젖몽울에게
사는 것이 불빛 휘황한 공장이라 보여주는 이

빙벽에 매달려
잡초를 뽑고 곱은 대지를 반듯이 펴고
체한 꽃병을 모아 오느라 매번 늦게 오는 이

너울을 젖히면
열대병을 앓은 얼굴로 검게 팬 미사포 쓰고
차마 없애지 못한 눅눅한 웃음을 들고 오는 이

베일을 걷어내고
뜨거운 머리 위로 갓 핀 신부들을 들어 올리느라
한껏 벌어진 입속을 찾아내어 들여다보는 이를
오늘 보았다

불면에 대한 처방

적막이 가장 편한 음악일 때가 있다
침묵이 가장 깊은 사이렌일 때가 있다
욕망을 이루기 위해 감내하는 희생은
자기 회의를 모아 비극의 냄새를 피운다

갓 태어난 벌거숭이 단어들은
포근한 어둠을 꿈꾼다
꿈꾸는 눈동자 멀어질지언정 작아지지 않아
버릴까 기울까 무지개 양말 하나 붙들고

솟구치는 욕망을 반짇고리에 쑤셔 넣는다
사랑 나부랭이가 낳은 고슴도치들이
몇 분 안 남은 오늘을 가차 없이 삼킨다
하루의 프롤로그에 에필로그를 쓰고
사력을 다해 엔딩 커튼을 내려야 끝인 날이 있다

이런 날은 천 근 바위가 된 이불 아래에서
가슴을 가루 내어 입속에 털어버리면 그만
새로운 세상이 없어 매일을 새로움으로 무장한다

실질 형태소 집

점토를 가지고 놀다가 판판한 판 위에 소행성들을 붙인다
손에서 궁굴릴수록 까매져가는 색색의 눈 코 입을
눈 코 입이 없어도 될 판때기가 기다린다
대륙빙 잔해로 녹아있을 오래전 연도
놓친 기억의 화살들을 온몸에 꽂은 채
지리멸렬한 운석 하나 날아와 꽂힌다
박힌 화살들을 역순으로 빼내며 노래한다

아이는 둥근 나사로 태어났기에
야만의 별을 꿈꾸었다네
노동의 분침을 요란하게 울리어도
누구도 듣지 않았다네

한 발짝만 넘겨 딛어도 깨져버릴
유리 위의 생
하필 밭에 자라난 풀을 뽑아내고
난간에 매달린 안간힘을 팔아치우고
거울 속 웅크린 자세로
허튼 조어를 하여 본다

집

봄 풍경

봄이 일어났다

김치볶음밥이 그립단다
솟정이 오른 이유가 욕심이 아닌 허기이길 바라며 육고기의 잡내를 없애기 위한 향신 재료와 덜컹이는 맷돌에서 빠져나온 부끄러움을 나무주걱의 종아리를 잡고 매매 볶는다 쪼그라진 김치 위에 봄만큼 되디된 밥을 넣고 알알을 머리 큰 국자로 꽉꽉 눌러 떨어지게 한다 빨갛게 멍들어 가는 알갱이들이 자꾸 눈을 마주치려 한다 센불로 단련시켜야 불맛이 난단다 조금의 끈끈함도 남기지 않도록 휘리릭 뒤집고 뒤집는다 지글대는 달걀프라이로 덮이고 멜팅치즈로 코팅된 저녁 한 때

바쁘게 어딘가를 가기 위해 보내기 위해 짐을 싸고 장을 보고 무언가를 더 사거나 덜 넣거나 내일이 어떠할지 어제는 어떠했어야 한다 이기심이 점령한 차 안에 황사가 인다 다들 허리띠를 푼다 관객 없는 무대에서 종횡무진 주인 없는 대사가 일요일 아침처럼 흉물스럽다 밥그릇이 우주라 헐떡대는 개떼들 몸이 먼지로 뒤덮인 줄도 모르고 중력을 배반하며 풀썩 쓰러지는 요행의 아침을 기다리는 게으른 영혼들

오늘도 다행히 봄 밥상은 그럴 듯 세팅되었다

아무도 오지 않을 날을 위한 연습

그는 잠자코 돌아앉아 루어를 달고 있다 마음 여기저기 물집이 생긴다 무거워지고 축축해지는 팔다리를 보며 울음을 터트려도 물을 머금어야 단단해진다 익숙해진다 사람들은 말한다 대리석의 마블링을 상상하며 기억을 저어 농익은 무늬를 만든다 열망을 삼키어내야 끈질기게 남아있는 자유의 텁텁한 맛도 사라지리라

그는 장대 같은 다리로 척척 걸어와 침묵의 줄을 던진다 저녁은 아랫도리를 출렁이다 지지직 꺼진다 어둑해지면 삶 구석구석이 가렵다 정지한 세상에서 가려움증을 가진 육체로 사는 지독함이란

물벽 너머 루어의 섭동 하나 펄떡거리던 생명들을 깨운다 종종 그러하듯 기쁨이 갈고리 끝마다 찢긴 단말마로 걸린다 그는 알면서도 모르는 척 한다

입에서는 수천 번 인쇄된 활자들이 손에서는 차가운 비늘 조각들이 반짝 튄다 쥐어짜도 먹지 못하는 기름만으로 남은 도막도막 기억이 입자로 해리된 오늘의 내가 수챗구멍으로 빨려 들어간다 이리 어두운 구멍으로 날마다 쓸려나가는 하루

를 살고 있음을 알 리 없다

그는 삶의 수식으로 가득 찬 눈을 들어 나를 본다
또 무거운 것을 올려놓으려나보다
길들여지지 못해 익숙함을 연습하는 아이러니

떠다니는 집

떠있기가 힘들어 너에게 갔다
모두 조금씩 나를 잊어가겠지
박박 밀어버리고 싶은 기다림
친구가 많아야 한다
친구 집은 멀어야 한다

글자가 힘들 때면 너는 왔다
나에게 글은 그저 오늘을 살고자 툭탁대는
의미 잃은 동작이었기에
짓무른 글자가 날뛰며 너를 슬프게 한다
따끔따끔 바늘비의 촉수들로 불안이 자라고
맞은편에서 너는 골똘해진다

거기에 정말 삐죽삐죽 산이 있었다고?
바보 물음에 너는 돌아눕는다
좁은 가슴에서 자라 휘어진 다리로
혼자 넘었을 산을 도화지에 가득 채운다.
네 살배기의 뾰족한 그림에 눈이 베인다

너는 쉼 없이 어딘가로 문자를 보낸다

밤새 점멸할 회신 없는 신호
너도 친구가 많아야 했다
친구 집이 멀어야 했다

TV가 번뜩이고 유튜브 채널이 돌아가고
꽉 조인 공간에서 빈 심장에라도 핵을 갖고 싶었던 우리는
거짓을 뿜는 세포의 활숨마저 상쾌해했다

지진을 품은 바다를 표류하다
침묵을 잉태하는 그 집에는 문이 없다

제4부

이어서 어지러운 틈에서 발견되는
일종의 나만의 질서
반갑다 안녕

- 반갑다 안녕 中

반갑다 안녕

그립던 마음의 먼지야
살찌고 싶어 부서진 마루 틈아
안녕

회전문에 끼인 옷자락아
칼등으로 벗겨져 나간 물고기 비늘아
안녕

9월의 슬픈 외면아
조용히 뒤로 숨기는 케잌과 포크
안녕

이어서 어지러운 틈에서 발견되는
일종의 나만의 질서
반갑다 안녕

여러해살이풀

한 해 사는 풀은 소임을 다해
소임으로 봄이 오기 전 죽는다
여러 해 살아야 하는 풀은
한해살이의 비약적 죽음을
눈을 치뜨고 본다

동쪽 창 여명의 해가 찬란하지 않고
서쪽 들 황혼의 해가 슬프지 않은 것은
황막한 바람이 그저 을씨년스럽지 않고
언 땅을 들어 올리는 새순들이 마냥 예쁘지 않은 것은
한 생을 돌아본 생명만이 가질 수 있는 오만한 특권

여기저기로 자리를 옮겨본다
정직한 것들은 비겁한 나만 남겨두고 떠나갔다
굳어버린 심장을 풀어 줄 것은 일 년이라는 시간인가

한 해를 다시 버텨야 하는 여러해살이풀은
한해살이의 유언과 주검으로 가득한
봄 냄새가 두렵다

황금 투구

먼 곳이다 내리자
꼬깃해진 쪽지를 주머니에서 꺼낸다
가까스로 잠이 들었나?
수일 동안 씻지 못한 정강이에 피딱지가 앉았다
사람에 빠지지 않을 완전한 얼굴을 꿈꾸었기에
수억 년 전부터 외워졌을 제사장의 주술을 맴맴 거리며
방황이라는 외피를 두른다

누군가 바라봐 주기만 해도 황금 투구는 반짝 빛을 낼 테지
너무 일렀던 박수는 가슴에 광선 자국을 남겼고
너무 빨랐던 기대는 뜨거운 뺨에 손자국을 남겼다
출전을 알리는 나팔 소리 지축을 울리던 밤
전사가 되었고 땅도 하늘도 무너졌다

눈부신 땅끝에서 도움닫기를 했다
하늘이 손을 뻗어 곧은 바람을 내려 주었다
날것의 맥놀이로 매번 성실했던 바보 심장
메소포타미아에서 쏘아올린 화살아
자유라는 초크를 바르고 꽂혀 줘
두 발을 공중에 띄울 거면 턱없이 먼 거리일수록 좋아

비밀의 문자들로 점을 치던 사내가
붉은 웃음을 흘린다
최면에 걸린 눈으로 물이 되라 한다
화가 솟는다
그 물을 세상이 품을 수 있냐 소리 지른다
온몸을 평생을 굴려도
결국 스미고 마는 물!

황금 투구를 쓰세요
기다림은 아득하고 아프겠지만
푸른빛이 도는 당신 뺨과 잘 어울립니다

바늘 없는 시계

모든 것은 너이다 나의 시계는 모래알로 만들어졌다 여윈 초침이 밤을 할퀸다 목적지도 모르면서 비명만이 난무한다 해답을 찾고 싶은 갈망을 모래알로 떨군다 1초가 더 생겼다 나를 버리고 너를 기억하는 대가 성 처녀의 옷을 훔쳐 입고 빼앗은 천국 희미하게 바래짐이 죽도록 싫어 빚고 또 빚어낸 나의 피그말리온

젖은 새가 털어 낸 물기처럼 째깍째깍 떨어져 나간 상념들이 쌓인다 분침의 톱니를 있는 힘을 다해 돌리고 있을 카리아티드가 드디어 궁전을 탈출 한다 극적인 이야기에서는 하나같이 독버섯의 냄새가 난다 아름답게 쓰러뜨리려고 여름에 태어난 척 당당하였는가 되뇌고 또 되뇐 나의 파르메니데스

시침의 손사래가 반원을 그리다 멈췄다 구원을 바라는 일 초마저 하필 죄가 되는 안식일 고요히 너의 밤에 닿기 위해 바늘 없는 시계가 된다 나를 무너뜨리는 것도 일으켜 세우는 것도 너인 것을 깨어나선 안 될 법칙을 가두기 위해 이 변증법의 파멸을 위해 부르고 부르는 나의 프로메테우스

폭풍 속으로

파랑이 높게 온다
오그린 몸을 조금 폈을 뿐인데
파랑에 실려 온 그물은 체온을 모조리 거두어 갔다
바다가 불기둥으로 솟구치는 폭풍의 삶을 뽑아낼 때
고요한 도시는 질긴 삶을 꼬고 있었다

언젠가 반쪽이 되고 말 가슴
거기에서 태어난 리바이어던
꼬여가는 삶을 보고 있노라면 관자놀이가 팔딱거렸다
뇌파에 폭풍이 인다 진폭이 커진다
이러다 다 무너져 다 죽을지도 몰라
살아내려면 그리움에 안장을 채워야 해

흉한 자를 태워 줄 배가 없다
흉한 자를 태운 배를 정박 할 항구가 없다
정박하지 못하는 배가 출항할 바다가 없다

물 한 잔을 마셔야 한다
발포제로 만들어진 심장에 거품이 인다
폭풍이 높게 오고 있다
착란처럼 파랑을 타고

달을 질투하는 나

세상이 날을 세울수록 공벌레가 되었어
그 누구도 나를 선택하지 않았으니깐
아무도 카메라 렌즈를 대 주지 않았으니깐
도립상이 되어 있어야 함을
아무도 가르쳐 주지 않았으니깐

모든 것들을 깨물어 보았는데
이불마저 딱딱하여 겁 없이 태양을 삼켰지
미련하다고 욕을 해대도 좋아
카스트라토의 육성으로 휘발되고 말 노래를 부를지라도
치열함마저 아무짝에 쓸모없는 세상은 싫어

춤을 추려면 천사의 옷을 입어야 하지
비늘이 겹겹이 비늘을 덮고
그 비늘에 또 차곡차곡 비늘을 개켜 얹을 거고
태양이 360 각도를 내리쏠 때를 기다려
독수리의 눈으로 태양을 보고 싶어

꼭 끼는 청스커트를 입어 봐
조롱 섞인 뭇 시선을 벨트 구멍 하나만큼만 조여 봐

신음하는 표정 대신 신부의 코르셋에 담긴 환희를 얹어보
는 거지
질투란 모름지기
아무에게나 줄 수 있는 건 아니니

불모지를 향해 갈 거야
거긴 우레같이 심장이 뛰어 분명
나를 위하여 그다음의 나를 위하여
달이 될 때까지
달이 날 질투할 때까지

사내라는 대명사

있었던 자리는 대명사를 남긴다
그것 나 너 너희들이 있다
도시락을 싸 소풍을 가고 배를 쥐며 웃는다
얽은 얼굴들도 따라 웃는다

사내의 낮은 짧다
걸어가는 길이 휘청일 때마다
저리도록 오금에 힘을 주고
높게 들지 못한 발과 무겁기만 한 신발에
욕을 해 댄다
더 높게 더 빠르게-라는 진화의 불문율 앞에서
잘못 쪼개진 비대칭 젓가락으로 태어난 사내가
태어날 때부터 다리 사이에 박혀있던 돌을 뺀다
길은 왜 끝이 없는가

산도 들도 색색의 스티키 페이퍼를 붙이고 신나 있는데
맡을 수 없는 향이 진동하고 세상엔 색이 너무 많은데
신음을 외면하고 연약한 것들만 골라 밟는 발들이
허락도 없이 타투가 된다
사내가 절룩이며 걸어야 할 길이 된다

창이 없는 곳에서는 창을 열지 않아도 된다
창을 열어야 쏟아지는 햇살의 환희를 몰라도 된다

사내는 스스로에게 성수를 먹이고
제물이 된다 대명사가 된다

꼽추의 시상詩相

계절은 꼽추의 등을 타고 휜다
출신이 반듯한 계절은 없는가

누군가를 사랑하는 이유가
사랑받고 싶어서이고
어쩌다 사랑한 이유가
행복하고 싶어서인,
누군가를 사랑하지도
누군가에게 사랑받지도 못하여
절대 팔리지 않을
상품이 되는
뉴 월드

사랑은 몇 번 했나요?
용서는요?
끔찍한 화해는요?

하늘이 너무 높았어요
꼽아가는 등 뒤가 다 바다여요
세상에서 가장 파랗고 육중한 바다

땅은 너무 가까워요

거꾸러지면 안 되니 일촉이 진땀이어요

허리를 펼 수만 있다면 땀 따위 후드득 거두고 싶은데

생긴 대로 사는 것이 덜 고통스럽다고

빌어먹을 망치로 나를 못질한 당신들과

화해를 해야 해요

나쁜 꿈속에 사는 편이 더 낫고

순수를 위장한 현실은 지겨워 죽겠고

돌아가는 길이 없었으면 좋겠는데 번듯이 있고

굽은 등을 펴는 기적이 일어날 리 없으니

왕자님 -하며 오늘도 엎드려 있어요

볏잎의 애수

허영심이 줄기를 안았네
흙투성이 야유를 칭칭 둘러메고
나란히 보는 하늘은 비어 있었네
폭포수 아래이길 바랐으나
아니어도 잎집은 상관 없었다네

메아리를 삼켰네
빨개진 입술로 이슬을 홀짝이네
루비 같은 눈물을 흘리던 잎몸의 이 뺨 저 뺨이 애달프네
나란히 누운 볏잎 둘이 무엇을 폭로하려는지 잠잠하네
나불나불 나비 한 마리 매운재를 털고 가네

평행한 어깨를 가지고 날아보고 싶네
날개에 구멍이 나도 날 수 있는지 묻네
구멍에 잎혀 한 자락을 넣어보네
마른 줄기들 수갑을 하나둘 풀어 줄 참이네
땅을 버리고 날아라 날아라
날아올라라

둥근 모서리

엄마의 손등이 보듬은 굵직한 나무며
높새바람 재촉도 하기 전에 보란 듯 먼저 핀 눈꽃이며
빛이 경계를 만들기 전 뭉개지고 있던 그림자들이며
가지런한 웃음을 달고 있는 입꼬리며
다 베어 물고 잠들고 싶은 아릿한 통각들

하루가 스쳐가길 바라는 바람도
한 번은 날개를 갖고 싶었다는 이상도
꽃 닮은 것에라도 저를 묶고 싶었단 푸념도
포자를 퍼뜨리려 응달에 웅크려 있을 수밖에 없었다는 아우
성도 얼기설기 잘못 붙은 살이 되었다

태어난 자리에서 태어나는 것이
가장 흉하지 않고
잘려나간 자리를 깎아내는 것이
가장 아프지 않으니
거짓을 모아 붙여 둥글게 둥글게
참을 깎고 깎아 둥글게 둥글게

오늘의 Q&A

Q) 조금 늦은 엄마는 까끌한 입천장이다 / 까끌한 입천장의 역逆은 조금 늦은 엄마이다 / 늦지 않는 엄마의 이異는 매끄러운 입천장이다 / 매끄러운 입천장의 대우對偶는 늦지 않았어야 할 엄마이다

조금 늦은 엄마는 지붕을 수리하느라 입천장이 까끌해졌다 // 까끌해진 입천장을 자꾸 혀끝으로 건드리니 입천장은 한참 더 아파야 할 것이다 // 아프지만 일찍 오려 했다는 엄마의 이는 매끄럽게 빛났다 // 빛나는 이로 껄끄러운 입천장을 늦은 엄마는 아무렇지 않게 가리고 있다

조금 늦은 엄마는 펼쳐진 지붕들 중 하나의 지붕을 찾아내느라 입천장의 물뿌리가 닫혔다고 한다 /// 닫힌 뿌리들은 한꺼번에 열렸다 입천장은 간만에 숨을 쉬게 되어 열떴다 /// 열뜬 엄마는 조바심이 난 문 앞에서 옷매무새를 다듬었다 /// 매무새를 갖추고 잠깐 호흡하다 열린 동굴에서 그 여자를 기다리는 건 또 까끌해진 입천장이었다

조금늦어늦지않았다매끄럽지않아껄끄러워졌다

A) 등이 켜지면 허리를 펴고 일터로 가는 삶입니다
집에 올 땐 여지없이 까끌한 상처투성이 입천장이고요
두 개이기는 아름답지만 정말이지 힘든 것
하나가 져야 하나가 뜨는 대위적 슬픔

서툰 봄

형
어깨를 두드려 줄래?
우리 둘 약속했던 시간이 왔어
훠얼 훨 날아가기로 했던
그때의 입 모양으로 날 깨워 줘

우리 둘의 아름다운 시간은
가시를 털고 하나가 되고
이를 물고 둘이 되기도 하는
용서가 깨어나는 때라고 했잖아
빈 자루를 메고 오는 사냥꾼의 어깨도
기다리느라 내려앉은 마음 바닥도
깍지 낀 세상에서는 평등할 리 없기에
이유에는 무거움이 달려 있어야 한다고
무거운 표정으로 말했잖아

아우야
답을 쓰는 손마디가 꺾인다
파랗고 곧은 선만으로 가득한 세상 어느 곳에도 없는 지도
우리만의 축척이기에 빚진 마음 없이 광폭하게 단숨에 그려지는 지도

문자라는 것은 절대 얼씬도 못 하는 지도를
보내 주고 싶었다

토실해진 여동생 종아리가
굶주린 나무뿌리에 묶인 줄도 모르고
서로의 창에 짱돌만 던지던
이불 속 잠을 잃은 질투의 시간들도

다
모두 다
이 고해마저도
서툰 봄이라
일어난 일이었다

고무줄뛰기

하늘에 피는 스칼렛 잎새
대지에 번지는 세피아 노래
바다가 들어 올린 오렌지 트리

푸른 피는 고무줄을 부르고
감정이라 칭한 감정이 뒤집힌 땅을 이고
절정에 눈이 먼 태양을 받아내었네

한 소녀가 뒤를 따랐네
물방울이 웃음 따라 부서졌네
가발 쓴 섬이 비스듬히 누워 날 오라 하네
멀어지던 고무줄도 허리를 일으켜 날 오라 하네

땀 흘리는 청공을 보지 못했다면
엎드린 대지를 보지 못했다면
발끝에서 철썩이는 입이 싼 파도가
좁은 품을 열며 기어이 파고드는 햇발이
섬뜩하게 싫어졌다면

지느러미를 접고 기다렸다가
수평선도 지평선도 다 확 당겨 와

넘어 버리기

무너뜨리기

사랑이여

칭칭 감겨 있던 붕대가 역순으로 풀리는
밀리세컨드 마이크로세컨드 나노세컨드
처음엔 Largo 끝은 Vivace

사랑이여 나를 먹여 살려 줘
아니 차라리 굶겨 죽여 줘

그저 섹스가 아닌 거미를 창밖으로 탈출시켜 주는 그런
슬픔과 그리움으로 무장한 건방진 사랑이 아닌
술집 작부에게 거지에게 예의 바른 동전과 동정을 나누어 주는 그런
다함없는 사랑을 나누고 싶어

처음 너를 봤을 때만을 기억하게 해 줘
한 계절 단 두 벌의 옷이면 충분했던 시절
옷걸이가 행거가 되고 캐비닛이 되고 10자 장롱이 되게 하자며
빨간 혀가 엉키고 볼을 쓰다듬다 보면 새벽이던
내 사랑 사랑 나만 욕할 수 있는
용서할 수 있는 내 사랑

그러니 사랑이여

사랑의 숭고한 원소를 품고 있음에 기뻐하자

드디어 이온화되었음에 만세를 부르자

피사체의 25시

태양이 뜨기 전 다 타버린 잿빛 눈동자
활자를 짊어지고 밤을 새우던 고독은
검은 숲이 내뱉는 숨을 들이마시고
굳은 몸뚱이 위 이슬이 되었다
갓 돋아나는 하루를 흘끗거리며 지저귀다
초침 소리에 맞춰 걷는 무표정한 걸음들 뒤
차마 눈을 감지 못해 동공을 고정시킨
세상을 머리에 얹은 여인상

아편처럼 젖어드는 새벽,
눈에 덮인 장미를 부지런히 찾는다
잔디 위로 튀어 오르는 아이들의 웃음이
표제를 달지 않은 시인의 노래로 들리는
어제인지 오늘인지 모를 정지된 시간 속
분장한 얼굴에서 미소를 찾고
영혼의 문에 이르는 길을 묻고
쏟아지던 비의 감촉을 잊고 싶어
부스러지는 가슴을 두 손으로 받아
거대한 태양을 화씨로 읽는 소녀상

어둠이 내리기 전 얼어붙은 앵글
군화를 신은 불안한 인파의 행진 너머로
하늘을 가른 전선에는 다 써버린 하루와
엉킨 인연을 버리고 간 계절이 걸려있다
매일 무너졌던 약속 하나하나 꺼낸다
네온이 사라지는 속도로 뭉개지는 프레임
고개 숙인 사람들이 휩쓸고 간 자리와
재잘대던 인파가 떠나 버린 대기에는
북극의 추위가 찾아와 있다

여신의 천칭에 닿기 위한
피사체의 25시가 시작된다

제5부

삶이란

앞에서 떨어뜨린 호號를 줍고

그것으로 너라는 원을 틀림없이 만들어 내는 작업

- 틈새에 피어나 中

틈새에 피어나

네모난 거실 귀퉁이마다
눈을 뜬 벽돌이 앉아 있다
천장은 흑백의 춤을 준비하고
슬픔을 참지 못한 커튼이
주름을 펼쳐 이마를 짚어준다

둥근 해가 떠올랐던 날이다
햇살 쪼아대는 방바닥에서
빛나는 머리카락 올들을 집어
각자의 서랍에 넣어 주었다

삶이란
앞에서 떨어뜨린 호(號)를 줍고
그것으로 너라는 원을 틀림없이 만들어 내는 작업

둥근 해는 창이 깨진 날에도 떠올랐다
안에서 닫은 문처럼 입술이 딱딱해졌다
족족 잘라 쓰린 손톱으로 단추를 채우고
창과 거실에 접점이 없기를 바란다고 쓴다

큰 눈이라고 큰마음을 담을 수 있는 건 아니야
작은 창이어도 가까이 보면 품지 못하는 풍경은 없어

날아온 무당벌레 문지방을 넘지 못하고 파닥인다
틈새에서 일순 피어버린 마음으로
무른 저녁밥을 안쳤다

연年을 보내다

기다렸던 봄은 우리를 찾지 않았고
여름은 축축한 손바닥으로 너와 나의 입을 가렸다
가을은 물어뜯은 손톱처럼 짧아졌으며
겨울은 동면처럼 길 것이다

흙 위에 펼쳐지는 삼라만상
창공에서 흩내리는 천태만상
가려다 돌아와 엎드린 낙엽들 위로
조락을 알아버린 시절이 내린다.

살고 싶은 핏빛 이유
살아야 하는 하얀 뼈대

짙어진다

끝이 뭉툭해진 연필심은 사과를 베어 물듯 사각사각 자음과 모음을 불러 모은다 밤새 부딪히던 자음들 짝을 지어 모음 위로 선다 손끝을 타고 오는 애달픔이 너를 향한 음절과 언어가 되어 분주히 일기장을 채워가는 익숙한 풍경에 네가 와 물들고

파도 위로 노오란 달빛이 하얗게 부서지는 밤을 그린다며 붓을 쥐고 종종대던 너의 오후 머리 위로 내리쬐던 빛줄기에 얼굴은 빛 그림자에 가렸지만 아마 한껏 달떴을 너의 표정 그 어느 것 하나 가지지 못해 붓끝에서 후드득 흩어지던 나 그 찬란한 스펙트럼 사이로 네가 번져 가

숨어든 방이 어둠에 순응하라 무릎을 내어준다 부유스레 새벽빛 휘감길 때까지 모든 방향을 향해 뻗고 달려 단 1센티미터의 지름이라도 더 갖고 싶었던 간밤의 나는 어둠도 잃고 빛도 잃은 마리오네트가 되어 펜춤을 추며 절벽 같은 하루로 걸어 들어간다 오직 너만이 짙어진다

조각과 나사못, 화가

핀셋 하나 내려온다
선택된 자의 환희가 들쭉날쭉 흘러넘친다
온몸이 요철로 이루어진 조각은 혼자 추던 춤을 멈추고 풍선으로 부풀어 오를 준비를 한다

사지를 모아 올려 꽃봉오리로 서 있어야 하는 여자는 휘어짐을 인내하며 계속 한 발이다
아름다운 활강을 위해 발가락 끝에 힘을 더욱 주어 회전한다
파고드는 발톱에 발가락이 나사가 되자
일탈의 꿈이 죽는다

화가는 원대한 작품을 위해 모든 벽과 문을 검은색으로 칠한다
검은 세상에서 화가는 시간이 빨리 갈수록 행복했다

작은 숨소리
핀셋을 든 손에 조각의 테두리가 상기 된다
여자의 발이 배배 꼬인다
작품이 된 조각은 벽에 걸리고
여자는 작품을 뚫고 한 발로 선다

사랑의 굴절

거짓말로 쌓은 성에서 살아도 상관없고
싸디싼 집에서 먼지를 들이켜도 상관없고
고통을 주는 행복이어도 둘이라면 상관없고
꽁꽁 묶여 있는 것이 우리 둘이라면 상관없다
는 것이 사랑인 줄 알았다

몸은 언젠가 흙이 되어도
생은 언젠가 빛이 된다고
결코 멀어지지 않을 거야 거짓에 취하고
절대 늦지 않았어 최음제를 투여하고
사랑을 사정하며 사랑하는 것이
사랑은 아니었기를

울어도 좋으니 혼자여도 좋으니
사랑한다 말하지 않기로 한다
요람에 묻은 먼지를 털고 나와
공기성을 탈출한다

떠오른다 사랑이
둥둥 멀리 보인다 만지고 싶다
눈물 나게 아름다운 개별적인 프리즘

결혼기념일 1

차 안에 앉아
차창에 떨어지는 비를
물끄러미 바라보고 있다

앞 유리로 떨어지는 빗방울은
어린 새끼들처럼 조잘대며
동글동글 바쁘다
맑은 소리로 피어나는
무수한 동그라미들의 춤곡

옆 유리로 떨어지는 빗방울은
가파른 경사로를 만난 아픈 형제들처럼
닿고 닿으려다 주륵 흘러내린다
미끄러짐이 만들어 낸 눈물의 향연

몰랐다
한 구름에서
정면으로 바라보는 뜨거운 너와
비스듬히 비껴가는 무심한 네가
함께 올 수 있다는 걸

슬펐다
세상은 내리는 빗물을
온몸으로 받아내고 있건만
나만 우산을 쓰고 있었다

결혼기념일 차 안에서
홀로

응시 외려, 외면

그의 영토에서는 상상하는 것이 현실이 되었다 태양이 비켜 가는 곳이었으나 옥토였고 아무도 찾는 이 없었으나 혹 씨앗 한 줌 뿌려 놓으면 한 번의 키질에도 놀란 씨앗들 막힌 뿌리를 앞 다투어 내렸다

그는 난蘭을 닦으며 오엽의 벌어짐을 행복해했다 이놈이 첫 돌이 되지 않아 앉아만 있겠거니 했다고 설마 앉은뱅이가 될 줄 몰랐다고 난 뿌리를 나누며 등으로 말했다
아홉 달배기의 들지 못해 짓무르는 엉덩이가 울 때 다음 배아는 불나비사랑을 부르며 난을 치는 당신의 모습을 상상했다

형 닮은 개풀이다 네놈 닮은 맴생이다
신작로를 달리는 버스를 펄떡 넘어 둘은 겹쳐 착지했다
우리 둘 중 하나를 잃어버리면 출구에서 꼭 만나자
다음번 배아는 기다린다
둘이 서로 얼싸안는 장면이 현실이 되기를

옥토는 여전히 옥토였다
비루하여 아름다운 옥토
인형 옷을 만들며 가위질은 거세어졌다

그렇게 몸에 겨우 걸친 여성

몰랐겠지만 나도 줄곧 상상했다
내가 물건이 되는 순간을
처음 주신 그 옷을 벗어버릴 자유를

쇠어버린 체모 같아 붓을 버렸다
치욕스러운 한편 시원하기도 하였다
이 마음은 뭘까 엄마

결혼기념일 2
— 우리의 블랙 데이

해협의 죄목 - 육지의 목을 졸랐다
육지의 죄목 - 갇힌 노래를 불렀다
노래의 죄목 - 노래의 이유를 몰랐다

폭탄 세일을 한다던 매대에서
쌓인 옷을 뒤집고 뒤집어도 찾지 못한 것
일수 수첩 도장을 윽박질러도 채우지 못한 한 칸

집으로 돌아올 때에는
황갈색 에이프런 위에
감색 펜으로 물방울을 둥글려 주려는 마음이었으면 해

가다보니 어쩔 수 없이 집이라면
풀잎 하나 가로로 물고
머리를 넘기며 휘파람이라도 불어 줬으면 해

올려다본 모든 것이 우주 같았어
버튼의 조합으로만 열리는 문 앞에 서면
어디선가 화음을 벗어난 노래가 흘러나와
질세라 핑크 노래를 부르고

코발트블루의 시를 쓰고

초커를 두른 무뚝뚝한 남색도
찢어진 청바지 속 수줍은 살구도
문 하나를 두고 대립한 묵언과 언성도
스스로는 모두 기품이 있었으면 해

모든 것이 중심으로만 향하는 건
부끄럽기 짝이 없어

줄글을 썼습니다

줄글을 쓰려고 합니다
난파된 배의 조각처럼 뜨문뜨문 표류하던 단어들을 당신을 향해 모으려 합니다 첫 장면은 추운 날 내뱉는 몽글몽글한 담배 연기로 시작 합니다 세로로 긴 창문으로 한꺼번에 하루가 쏟아져 들어왔으면 좋겠습니다 부지런한 하루를 데리고 긴 계단을 밟아 당신이 옵니다 하늘은 짧은 앞머리로 신나 있습니다 호퍼의 아침처럼 저는 햇살의 호위를 받으며 창 쪽으로 무심히 돌아앉아 있겠습니다

입이 색소폰 리드였으면 좋겠습니다 즐거운 나의 집에서 책이나 본다고 했던 오늘의 용기가 하루 일이 끝나 커튼을 젖히면 옆구리에 조롱으로 걸려 있습니다 눈 감지 못하는 도시가 피워 올린 불안도 스위치를 내리면 같이 소등되었으면 좋겠습니다 주파수를 잃고 이명으로 오는 벌건 대낮을 기억의 통로에서 지웁니다 연인의 눈을 가리운 마그리트의 스카프는 길어진 그리움 탓입니다

마지막 장면은 세상의 암호들이 부화하는 따뜻한 날이면 좋겠습니다 흉터를 드러내는 유리창들이 거울이지 않기를 바랍니다 왜 해와 달은 날마다 다른 그림을 그릴까요 달빛을

입은 거미줄을 흔들어 보고 흙을 파고드는 나방의 움직임을 따라가 봅니다 둘의 궤적을 조합하면 암호가 풀릴까요 금방이라도 우리 끊어질 듯하여 유디트가 들어 올린 각도만큼 턱을 올려봅니다

당신의 떨어진 어깨 때문에 신념 때문에
그럼에도 당신에게로 향하는 목마름에 줄글을 썼습니다

뚝새풀 연가戀歌

땅이 좋아 흙이 좋아
노랑색 위대한 자아는 언제까지 숨겨 둘 거야
물이 좋아 물기가 좋아
신경쇠약에 걸린 눈물은 어디에 털어 낼 거야

당신은 왜 오늘처럼 힘든 여름날일까요
파스텔 가루를 뿌리며 안기는 봄바람이든지
절정을 이루고 훌쩍 자란 가을 구름이면 안 되나요
잘근거리다 뱉지 못한 꽃밥들이 가시로 돋고
파고드는 뿌리들은 쳐 내고 쳐 내도 자라요

머잖아 초록 벼웃이 될 꽃이삭과 잎혀들이
뚝에서 논에서 둠벙에서 갈아엎을 준비를 해요
꽃을 잃기 싫은 잡초여서 자신을 방생하는 법을 배워요
속옷만 입은 겨울 품에 안겨 한때나마 노랗었다 말하려
아름답게 사라지는 법을 연습해요

저 벌어진 꽃잎들을 어찌하랴
저 흐드러진 초록을 어찌하랴

따라 벌어지고 흐드러지는 곡조 위로
다시 채워질 뚝새풀 연가

숙이의 노래

숙이를 바라본다
밀린 빨래를 흠씬 두들기면
얼마나 가슴도 세차게 방망이질 치던지
풀풀 풀잎을 입에 넣고 꼭꼭 씹으면
풀린 옷고름 끝 쓰디쓴 지청구

숙이에게 손짓을 한다
헌 신발과 옷가지를 다시 꿰고
눈짓 몸짓 마음 짓 온갖 짓을 다 하다가
들지 못한 손을 등 뒤로 접어 넣으면
손바닥 식은땀을 타고 흐르는 애가

숙이가 노래를 한다
박꽃 웃음으로 필리리 풀피리 불어준다
하모니카 들숨만큼 반음만큼만 세상이 상냥하길 바랐지
무심한 휘파람 머리칼 타고 함께 노래가 되어 주길 바랐지

숙이가 아프다
모든 그리움이 그러했듯
바라보고 손짓하고 서로를 구원해야

노래가 될 수 있다는 것을
우린 그때 몰랐나 봐

해바라기 친구

마루에서 담벼락으로 잘린 산마루를 본다
먼 구름이 무뭉실 새하얀 몸을 부풀린다
흘끗 돌아서는 해의 사위詐僞가
싸운 친구의 눈자위 같다

담벼락 밑으로 숨는 화단
푸른 정맥이 피어나는 가느다란 목덜미
깨금발로 돌담에 턱을 괸 해바라기 위로
손바닥만 한 친구의 뒤통수가 얹혀 있다
반사되어 오는 마음의 이등분선

뒷산 마루에 오른다
냇물 줄기로 잘린 마을을 본다
한달음이면 닿을 길을 반나절이 걸렸다

운동장에 버리고 온 아직도 엉겨 붙어 있을 책가방 두 개

새들의 발목 따라 점들이 생겼다 사라지고
마을은 검은 신발을 주섬 신고 키를 늘인다
눈 밑살 창백해진 마루가 지친 뒤통수를 받아 낸다

편지를 넣을 책가방은 잃어버렸지만
회초리를 맞고 나는
회초리를 맞을 너에게 편지를 쓴다

길

먼저 달려가 길로 눕고 싶다
능선의 옆구리를 오르며 부르는 이름이 길이 되고
해안선 붉어진 눈 따라 엎드려 부르는 이름도 길이 되고
도마 위 물고기의 감은 눈이 너를 닮아
내려치지 못하는 손이 길이 된다

아무리 허덕여도 잠드는 것 이렇게 어려운데 내일을 모셔오고 어제의 뒷덜미를 잡아 와 꾹꾹 눌러 붙이고 울며 떼고 다시 붙이고 기억상실증이라도 걸렸는지 매번 눈떠보면 그 길 물이 없으면 몸에서 퍼낸 물을 마시면 된다 하던 말만 하면서 썩은 조개처럼 헤벌어져 있다

무엇을 눕혀야 길이 될까
사라질까 두려워 모자이크가 되어가는 것보다는
짓밟히기 위해 먼저 누워있는 편이 나을까
길마저 아플까 봐 한 발짝도 나서지 못하고 있다

그녀가 사랑한 행성

두부를 정갈하게 갈라
반은 조림을 만들고
반은 국이 되었다

처음엔 하나였을 우리
어느 신의 정교한 솜씨였을까

그녀는 시간을 보고 있고
그는 시간을 묻고 있다

목성을 사랑한 화성은
유영하며 고리를 만들고 있고

화성을 사랑한 목성은
발을 질질 끌며 씨를 뿌리고 있다

아무의 품에 안겨

정확히는 아무나가 아니다
슬픔을 마주 봐주면 그저 안겼다
몸을 풀어 안개가 되고 싶었고
다음 날 바위가 되어 해를 만나고 싶었기에
얼른 몸을 풀어야 했고 풀어져 안개가 된 몸을 말려야 했다

어느 한 그는 어제와 오늘은 분명히 다를 것이라고 했다
한 사람의 생이 살아온 자리보다
남기고 간 자리가 더 큰 것이기에
분명 어제와 오늘은 달라야 한다고
이정표가 생긴 것이라고
손바닥의 규칙적인 두드림 그 반경 속에서
존재가 아닌 부재를 잊었다

정확히는 품이 아니다 흉터다
홍염이 아무리 뜨거운들 이 마음만 할까
외지로 외지로만 흐르는 강들과 그 길을 걷던 외로움
이야기와 넋과 아픔에 안겼을 뿐이다

그런 눈을 내게 주셨다 당신은

세상 모든 환희보다 슬픔을 먼저 볼 줄 아는 눈을

눈을 풀어 안개를 만들어낸다
오늘 보았던 가을 산의 적요를 모은다
아침 햇발에 다 태워버려야 할 것들
시나 운율이나 감상 따위들도 다 태운다
바닷고기가 오면 밀물이구나 민물고기가 오면 썰물이구나
그렇게 살라 하셨기에 나룻배 몇 척 띄워 놓고
아무나-를 환영하고 아무 품에 안기며
살아야 할 이유를 건져 낸다

아무 그
아무 품
받은 것을 공평하게 돌려드립니다

구두를 사다

구두를 사러 간다.
그녀의 발을 떠올린다
얼굴을 비비고 싶은 뽀얀 살 둔덕
언젠가 체념과 후회만이 가득한 얼굴로
독하디독한 이별의 언어만을 장전하려는 듯
창 너머 세상을 뚫어져라 보던 그녀의 프로필
그 엄정한 선이 만들어 낸 냉기에 소스라쳐
떨어진 시선 끝 투명한 발등

사랑에 무너지고 세월에 비탈진 혈관들이
저 먼 심장에서 휩쓸려온 아픔들을
뚝뚝 푸른 종소리로 울렸고
그 헐떡이는 제스처를
운율 없는 시를 쓰기 위해 외면했던 나
그제야 가슴이 미어져 왔다

쇼윈도 안을 기웃거려 본들
어느 한 곳
뽀얀 살 둔덕을 위한 구두는 없다
구두를 신은 적이 없는 그녀를 위한 구두는

애초에 없거나 있어도 없는 것일까
중심을 벗어난 사랑이 가져온 형벌이
서로의 말과 글을 소외시키는 것 이었나
앞서기만 하려는 말을 따라가다
그녀의 말이 흘린 흔적을 보지 못하였고
독이기에 약일 거라 쓰디쓴 글을 쓰다가
그녀의 눈빛이 남긴 혈흔은 읽어 내지 못했다

아!
그녀의 흔적이 혈흔이 곧 나였음을 이제야 알아

오늘 난 해체주의 디자이너 슈즈샵에서
한 켤레의 주인 없는 구두를 안고
볼품없이 박제가 되어가고 있다

불붙는 대지를 나는, 나는 종이새

정사각형 마음들의 변두리 끝 꼭짓점들이 만들어 낸 내 몸은 폐곡선 아직은 이름도 얼굴도 없다 태어나지 못한 나는 오늘도 높고 좁은 창틀에 죽지를 걸치고 이어질 차원을 기다리고 있다 바깥 풍경은 항상 몸보다 따뜻하다는 명제는 한 발을 밖으로 내어 볼 만큼 딱 그만큼만 따갑고 정겨운 빛살이 쏟아져 내려 멱에 닿은 순간 참이 되었다 창틀을 떠난 꽁지가 포물선을 그린다 생에 단 한 번일 도약은 그림자를 만들지 못할 만큼 높아야 한다

눈 감지 않기 지평선 너머를 보지 않기 소리를 내며 날지 않기 생을 통틀어 낙하하기
먼 땅이 몸살을 앓으며 얼굴들을 뱉어 낸다 산, 골짜기, 바위, 풀, 길.
꽃씨가 종일 날리던 봄날을 닮은 이름을 찾아 정지비행을 한다
날개를 펼쳐 올릴 때마다 설움 같은 먹물이 차오른다
닫지 못해 열어 둔 눈에서 납루가 흐른다
전하지 못한 말이 조각조각 떨어져 나간다
헐고 헌 이름들을 쏟아낸다
집, 책상, 창틀, 다락, 시계

수확을 마친 대지가 주홍빛 웃음을 흘린다

흠씬 빛을 두들겨 맞고 산란된 세계 어디쯤에서 내려야 할까

흩어지는 빛을 모아 가장 밝은 색을 만든다

빛이 기울어질수록 고개도 조아려졌다

날갯짓도 없이 비상하는 커다란 새 한 마리

가벼이 상승하는 기류에 쓸리어 가고 싶다

잠시 쉴 벼랑이라도 있을까

내일도 여전히 떨어지고 있기를

때는 꽃씨가 창틀에 내려앉는 저녁녘이기를

뒷걸음질만 하는 지평선이 남긴 붉은빛이 혈색이 되기를

수면의 반사광을 어린 식도로 삼키어 내면 아스팔트 냄새마저 향기롭기를

불붙는 대지를 나는 종이새는

대지에 불을 지른 자의 뒷모습에서

꽁꽁 얼려 둔 이름을 찾아내었다

서평

몽마르트르 언덕 위 종이새에게

花林 이세종 시인

(한국영상문학협회 대표, 한국문인협회 홍보위원)

어느 날 시침이 하루를 다 깎아내고 어둠이 지구에 별들을 켜고 있을 때 소요 이영화의 시를 만났다. 시를 느끼기 위해 조용한 동네 카페를 찾아 홀로 하루를 나누기로 한다. 커피 향 내가 미처 가슴에 닿기도 전에 제목부터가 아슬하여 그가 시를 잉태할 때의 사유와 사물의 이면을 맞닥뜨렸을 때의 전율이 내게로 전이되길 바라며 책장을 넘겼다. 그리고 읽는 내내 갈등과 열정의 비행을 함께 하였다.

지구에 사는 한 모든 이에게, 하루는 지구가 태양을 바라보고 외면하며 한 바퀴 돌아오는 거리라 할 수 있겠다. 걸어가기엔 참으로 먼 거리이나 누군가에겐 순식간에 지나가기도 누군가에겐 위대한 역사가 이루어지는 시공간일 것이다.

창틀에 죽지가 고정된 채 하루를 맞는 종이새에게 비상이라는 꿈의 용적과 중량은 생을 걸고 한 번에 도움닫기로 도약하여 결국은 불붙는 대지로 추락하여야 하는 용서가 없는 가

열렬(熱烈)한 운명이었을 것이다. 날지 못하게 태어난 새는 미묘한 대기의 밀도 차를 읽고 바람이 길을 만들 때를 기다려 그 작디작은 틈새로 재빨리 몸을 던진다. 방향이 난생처음 생긴다. 환희에 젖어 커다란 새들이 만든 기류를 타고 유유히 세련되게 날고 싶었겠지만 무던히 흔들리고 때로는 바람의 소용돌이에 휩쓸리기도 한다. 자신의 영혼이든 자연이든 만나는 모든 대상과 정념으로 소통하고자 눈을 감지 못한다. 삶의 마디마디를 꺾어 만든 날개뼈 마디마디가 추락으로 부스러지자 비로소 잊었던 인칭과 언어가 떠오른다. 커지는 열망과 눈물마저도 추락에 무게를 더할 뿐임을 깨닫고, 짧은 삶에서 잘 내려설 곳을 찾는다. 언젠가는 깃털이 생겨 눈부신 날갯짓으로 태양을 등에 업고 오후 2시 방향으로 날아갈 것을 꿈꾸며 불붙는 대지를 사랑하기 시작한다. 포기와 체념이 아닌 다른 차원으로의 치환과 관조가 그의 시 곳곳에서 떨어짐의 미학으로 구현된다.

신과 인간의 경계이자 접점인 하늘을 향유하는 것은 오랫동안 인류의 소망이었다. 동시에 추락의 비감과 존재론적 한계 또한 온전히 동경하고 소망한 자의 몫이었으리라. 꿈과 상반되는 현실 멀어져가는 신념에 대한 욕망을 시인은 가상의 세계를 노래하는 시어로써 해방시키고 삶의 고통에서 체화된 사유의 스펙트럼으로 근원적 슬픔을 승화하고자 한다. 철새들이 지구 한 바퀴를 돌아오도록 바람이 길을 내어주길 기다리듯 시인은 글을 쓰는 행위를 통해 인간 정신의 방향을 읽어내고 진정한 자유를 위한 물음을 탐색한다. 잠시 후 추락할지라도 태양의 비호를 받으며 여유롭고 아름다운 비행을 꿈꾼다는 것은 균열된 세상에서 자신을 쓰다듬고 일으키기 위한 역설적이지만 가장 선한 방법이었을 것이다.

첫 시집은 자신의 삶이 날것으로 녹아 있기에 서툴 수밖에 없고 점철된 감정들로 인해 거친 호흡이 드러나기 마련이다. 그럼에도 그의 시로부터 참 많은 색을 보았다. 생의 아이러니를 역동적 메타포로 숨겨 둔 상상력, 사물과 사람을 관통하는 사유와 관념을 공통분모로 묶기도 하고 감히 보색으로 표현하는 과감함, 겨울과 봄, 소금과 별, 탄생과 소멸, 만남과 이별의 비약적 간극을 이해할 수 없을지라도 변화를 꿈꿀 수는 있다는 두터운 신념. 그리하여 그를 태운 것이 내려선 대지의 불길이 아닌 내재된 詩라는 것을 알게 되는 순간이 꼭 오기를 바란다.

언어의 날개로 숨쉬기를 시작하고 생명력을 부여받아 한 줄의 시를 찾아 다시 도약하는 종이새. 그의 Eros에 대한 열망이 알바트로스가 되어 더 강렬한 문체로 더 발칙한 마티에르로 다가오기를 기쁘게 기다린다. 몽마르트르 언덕, 별이 빛나는 파리의 테라스 카페에서 혜성군처럼 아름답게 떨어지는 소요의 시를 만나지 말란 법은 없으리라.

해석

우주와 NASA의 유영·교통을 다룬 영화 미장센
— 『불붙는 대지를 나는, 나는 종이새』의 시어 기호 분석

강익모 교수·문예비평가

I. 들어가며

우주와 NASA가 교감을 통해 자아낸 영화 그 첫 머리의 집(Maison des Têtes).

번민과 사색으로 치열한 Game을 마친 후 보고서를 쓰듯 시집의 시어 분석을 마치니 SF와 정신분석 영화의 시나리오를 해제한 셈이 되었다.

첫 시집이자 종이새의 집이기도 한 책을 펴낸 시인의 미장센(mise-en-Scene) 분석은 내겐 샴푸이자 문학용어, 연극영화용어였다. 독특한 뇌구조의 향을 풍기는 인문학적 시어는 자연스레 여러 이미지와의 유사성을 도출했다. 대중과 친숙한 접목 사례들을 이야기 하려니 '영화'라 불리운 시인의 기표가 먼저 떠오른다. 그의 시집에서 '시'란 '무엇'인가?('Co je poezie?')를 다룰 때의 가장 적합한 이미지는 '중첩'이었다. 시집 제목처럼 '나는 새는 나'였기도 하여서 익숙한 'NASA'를 떠올렸고, 순간! 시집은 대형 스크린이 되어 시네마스코프로 상영되었다. 로만 야콥슨이 언급한 "시가 아닌 것을 평평한

저울에 재었을 때 무게가 다른 시어들로 이루어진 글을 시"라고 정의(Semiotics of Art: Prague School Contribution)한 이론과 영화 「아바타」가 시를 읽는 동안 긍정의 동반자가 되어주었다.

1987년 민주화 운동이 한창이던 20대 청년의 시기. 나와 '정치', 환경과 '욕망'의 틈새에서 발버둥친 기억은 후일 인생의 가장 높은 변곡점이면서 깨달음이었다. 치열한 시간을 헤쳐 나온 경험의 몰입과 투영으로 이시인의 시를 읽으며 공감으로 점철됐다. 즉, 필자의 당시 기억은 하임(Michael Heim)의 시적 규정이, 1934년경 주창(Language in Litrrature, 캠브리지)된 후, 53년 만에 다가와 비로소 현실과 경험이 된 것이다. 겪어보아야 이해할 수 있는 동지. 「인터스텔라」의 가족 스토리와 사랑 이야기처럼.

행운과 희망을 노래하며 열 번의 단조 끝에 뽑아낸 77수를 읽으며 이 시집의 의의는 '365일은 36.5°C'라는 수식을 푼 수학 역량을 가진 시인이라는 수식어를 얻게 되었다는 데 있다. 수학 능력은 곧 시적 단어의 조탁이며 가급적 같은 표현을 쓰지 않으려는 언어의 활용에 '주이상스(Jouissance)'를 느낀 심리적 요인에 기인할 것이다. 이 '한 줄 평'의 바탕에는 로만 야콥슨이 말한 바처럼 다른 시인이 갖지 못한 이 시인만의 시어 착상능력이 있다. 첫 시집들에서 주로 보이는 허다한 시인들의 시어와는 그 궤와 질이 다르다.

예를 들어보자. 다음 숫자를 그냥 읽지 말고 양손을 들고 허리듬에서 가슴으로 흔들며 소리 내며 읽어보자. "369 369" 갑자기 리듬과 운율이 생겼다면 "아파트 아파트"를 똑같이 읽어보자. 이 게임의 착 감기는 묘미는 율동, 리듬, 운율, 재치, 순간적 착상과 기민함이다. 이 간단한 공식이 빌보드를 장식하고 한류를 지속시킨다. 이영화 시인에게는 같은 높이와 폭의 시어를 길어 올릴 깊은 우물이 있고 두레박질 기술은 본태적으로 타고났다. 오죽하면 시인의 글 저장 창고인 블로그 문패가 '올가의 우물'일까? 블로거의 이름 또한 기억의 샘을 파고든다. '니나 붓 슈만' — 생의 한가운데서 탁월한 수학적 공식과 제작 방식을 체득한 게이머는 시작과 열정부터 사뭇 다르다. 나는 시인의 닉네임에서 붓을 든 슈만의 '트로이메라이'를 떠올리기도 했다. 실제로 그는 넘치는 에너지를 캘리그라피로 정리하기도 한다.

우선 시집의 대표 시 제목 분석부터 해보자. 문학 이론가들이 말한 '시에 있어서 구두점 역시 기호요 도상'이라는 공식을 그녀는 일찍 깨달은 터에 이 제목에 이른 것 같다. '나는 날고 나는 것은 나'라는 중첩을 77수의 대표로 택했다. 또 '척추를 편 등'과 '밝혀진 등'을 나란히 떠올려 중의적 대위를 쓴 사례는 첫 시집치고 매우 과감하다.

디지털과 SNS가 발달하며 대중은 문명에 훨씬 친근하게 다가갔지만 그만큼 천년 이상 문명의 아이콘이었던 종이책은 멀어졌다. 뮤지컬 「캣츠」를 즐기면서도 '4월은 잔인한 달'이 엘리엇 「황무지」의 첫 절구임을 모르는, 아니 몰라도 되는 작금의 현실에서 시인의 작업이 그저 쉬운 제목으로 쉽게 쓰였다 생각된다면 한 재능 있는 시인의 전체가 오독될 수 있을까 우려되었고, 반대로 너무 어려워 77편을 모두 읽기를 두려워하는 독자들에겐 본문에서 다뤄질 시 알갱이들을 구성하는 단어들이 어떤 생물적 움직임을 가졌는지를 이해하는 데 조금이라도 도움 되고자 대중적인 영화(film)에 빗대어 미학 이론을 살피는 형식을 취했다. 이로써 영화 주인공의 심리나 진행 동기를 시적 대사와 미장센 기호의 의미로 추론할 수 있을 것이라 판단했기 때문이다. 같은 영화를 본 관객이라도 평가는 제각기 다르듯 시인 = 감독 = 주연이 되어 그려낸 서정과 삶의 일기는 현장 = 시 = 진실이 한 묶음임을 설명하기에 미장센 분석이 가장 효과적일 것이라 여겼다.

그런 의미에서 365와 36.5가 상징하는 인간의 시적 세계란 신이 만든 얼마나 오묘한 숫자인가? 그 우연한 동질성을 이 영화 시인은 '인생이 곧 놀이요, 게임이며 고뇌 섞인 유희'임을 77수 수학 문제를 통해 풀고 간단히 답을 제시한다. 365일 자전을 바탕으로 공전으로 공존하며 행성의 궤도 안에서 맥박이 뛰는, 산자의 수數인 체온 36.5도를 유지한다는 것이 우주와 동일 선상의 이치가 아닐까? 답안을 도출하기까지 카오스에서 골몰한 시인의 시간들은 길고 외롭고 두려웠을 것이다. 어려운 난제에 도전한 것은 시인 스스로였고 진정한 기성 시인들의 필연적 사명도 그러하였을 것이다. 기표라는 이름 아래 시어를 탐색하고 실핏줄을 꼬아 문장들을 만들고 난

해하다는 주변의 평에도 불구, 자신의 욕망과 희망, 두 망원경을 결코 접지 않은 시인. 그 고집이 준 기시감은, 365는 우주이며 36.5°C의 인간의 우주라는 종이새의 비행이자 영화 「아바타」속 나비족의 여정과 닮아있다. 고양이도 되고 원숭이도 되며 나비도 되는 시인은 별들과의 교감으로 빚은 생명체들처럼 '불붙는' 심장 박동을 확인하곤 안도의 숨을 내쉬었으리라. 그리하여 7로 시작된 숫자는 생명줄처럼 서로 연결되어 있고 정교하게 엮이고 분류되어 있음을 열한 번이나 확인하였음에도 또 하나의 계산을 해야 했고 결국 세 가지 주제의식과 질문에 맞닥뜨린다.

첫째, 이 시인에게 시어詩語, 즉 결사結辭의 재료 선택은 어떤 의미이며 선별과 쓰임새는 어떠한가?

둘째, 선택된 시어들은 같은 용법을 지니는가? 아니면 미묘하게 뉘앙스를 달리하는가?

셋째, 시인은 왜 평이한 문장으로 서정을 그리지 않고 복잡하고 중의적이며 엔트로피로 가득한 시적 기호들의 군집으로 첫 시집을 내었을까?

II. 시 77편을 상징하는 두 대별 시어, 우주와 나, 용례 분석

시어 분석 중 빈번히 쓰인 달, 해, 행성의 이름들은 곧 대지 위, 공간, 거주지, 경계선을 줄 타듯 걷고 노니는 작가와 동일시된다. 그것은 심리학에서 이야기하는 '거울' 효과이며 전혀 다른 차원의 텍스트와 이미지로 중첩되었다. 달의 충돌 시 떨어져 나온 파편인 떠돌이 운석 '2024PT5'의 유영처럼, 우주에서는 가지고 태어난 성분의 소멸이란 없다. 그저 작은 존재가 큰 존재에 끌려가 다른 형태로 존재하는 변형된 생존 혹은, 기억만 있을 뿐. 시인이 바라본 하늘의 별과 달도 그러하였다.

1. 코스모스와 시인의 시간

1-1. 봄

봄45·58·61, 서툰 봄57, 봄바람70

  계절 가운데 첫 시작이라 여긴 봄을 여성의 신체와 동일시, 스스로 신성시하며 처연한 고민으로 존재를 체화한다.

1-2. 블랙홀

별무늬30, 소행성42, 운석42, 삐죽산43, 야만의 별42, 태양흑점29, 문글로우31

  시어의 겹쳐 쓰기를 피하고 자음과 모음의 변형, 조사 동원, 형용사 빌려오기가 보인다. 이 형태들은 곧 그의 인생 절정의 노래가 동파, 소월, 동주가 노래한, 술 취한 달, 흰 달, 날아가고픈 달임과 동시에 손톱달에서 보름달로 변형하는 과정을 그려낸 동기였다.

2. 안드로메다 시인의 갤럭시 5원소 인식

2-1. 20면체: 물
소금1, 염전3·13, 이슬16, 커피20, 비28, 성에42, 욕조37, 원소59, 이온화59

  시인의 언어에 물은 압도적으로 많다. 물이나 고체에도 녹은 소금이냐 수분을 빼앗긴 알갱이냐를 소개한 「소금이 온다」가 첫 편에 소개된 이유가 여기 있다. 바다는 흐르거나 혹은 증발되는 것으로 바닷물은 곧 아버지의 상실에 대한 아픔이자 시간의 증발이며 그 통흔痕 후 해수가 소금화가 이루어져 마침내 푸른 해수가 말간 소금으로 다가온다. 문장과 감정을 증발시키고 휘발시키는 기다림의 시간을 시어로 채택하는 절제가 보인다.

2-2. 정4면체: 불
센 불43, 빛77, 햇살69, 빛살77, 화씨60, 뜨거운 너66, 해의 사위72, 불붙는 대지77

불꽃은 빛과 파동이며 열과 에너지다. 빛은 색을 분별한다. 색을 조율하며 중복을 피하려는 시인이 찾아낸 기표는 찬연한 색조를 드러낸다. 그것은 치장이며 불교용어 아바타라 '나비족'의 욥과 jack의 신화로 연결된다. 제임스가 프리즘을 통해 본 시인의 심상은 불, 곧 색色으로 불교와 연동되고 종교의 경계를 허문다.

푸른 수염31, 납빛 웃음31, 청년36, 쪽빛 치마39, 푸른 피58, 푸른 뺨48, 푸른 종소리76, 푸른 정맥72, 파랑50, 코발트블루의 시68, 찢어진 청바지68, 청공58

주상절리는 시간에 깎인 바위들의 형상이다. 푸른 장미가 있는 폐허 혹은 작가의 작업 공간이 푸른빛과 색으로 표현된다. 영화 속 휘황찬란한 신음이 이 범주에 꼭 해당한다. 색은 빛의 광량에 따라 푸름靑 속에 숨어 오징어의 변온 표피처럼 번득인다. 푸름은 붉음赤의 계조로 색을 바꾼다.

붉은 인력37, 빨간 멍43, 붉은 웃음48, 발그레15, 빨강 치마24, 루비54, 핏빛12, 빨간 혀59, 주홍빛 웃음77

피를 토하고 적외선이 되어 하얀 뼈62, 뽀얀 살76을 만들고 노란색70 황금빛48 오렌지58로 변하다가 서서히 혼합되어 황갈색 에이프런68 감색 펜68에 이른다. 마침내 빛 알갱이들 중 변형된 초록10은 스칼렛58을 만들고 세피아58는 광선 자국48이 파스텔70을 문질러 화폭11을 채우니 검은색 벽과 문64이, 법관의 옷, 교복, 장례식장에서의 죽음이자 재생, 잉태가 된다. 천자문의 어둠에서 빛을 찾는 순서와 태초에 빛이 있었다는 성경의 시작과 같다. 우주를 바라보는 시인에겐 동양과 서양의 경계는 지구와 같은 하나인 둥근 구球형이었다.

2-3. 정8면: 공기

바람1·6·11·26, 풀무11, 기화 드라이아이스31, 높새바람55, 안개18

안개, 어둠, 삼각형으로 대별되는 원소로서의 공기가 다양한 시어에 함축되어 있다. 그러나 두 번, 세 번 삶의 궤적과 대비시켜 분석하노라면 놀랍게도 생경한 시어들을 발견하게 되고 마침내 그가 표현하려든 시어는 무엇인가 하는 궁극적인 의문에 도달하게 된다. 그에겐 모든 숨 쉬는 공기들이 의문이었고 시의 동기였다. 시인의 가슴속 마음과 손짓 발짓까지 알아듣게 되는 흐뭇한 웃음과 때로는 비통함을 함께 공감하게 된다. 첫 시집을 옥죄기 마련인 시어천착의 확장 범위를 넘어선, 독창적이며 생동감 넘치는 경이로운 지점을 목도하게 되는 소재들.

2-4. 정6면: 흙(지구)

경계1, 파밭3, 광장36, 소각장36, 풀밭42 땅54, 유리 위의 생42, 낮과 밤33, 추락32

 눈물, 원(原, 圓, 怨, 願: 시어를 잘 골라 쓰는 시인은 부러 이곳의 '원'은 한자의 다의성을 그대로 둠으로써 더 많은 가독의 변형을 독자에게 일임했다)의 해안선과 땅의 경계, 파도, 이글루, 가뭄과 해바라기의 빛에 대한 중독의 정도로 표현 된다. 측도는 선線이다. 선은 지상과 물을 나누는 경계이자 낮과 밤을 가르는 보이지 않는 지대이다.

2-5. 정12면체의 하늘: 에테르

하늘9·16·27·39, 미궁23, 노을8, 옻칠10

 덥고 춥고 젖음과 마름은 창공이자 유리의 城. 진공 속 암흑과 물질 그리고 무질서이다. 우주를 채운 에테르로 시를 부른 플라톤에 비해 아리스토텔레스(소요학파)가 장려한 시의 매질이 장점으로 드러난다. 그가 말하는 미궁은 좁고 굽어 있는 터전에서 발견한 태초의 자아의 투영이자 실존과 같다. 그렇지 않다 하더라도 시인은 판타지 세계 속 욕망을 라캉의 '주이상스'(The main idea of self-transcendence)로 노출한다. 결구에 간단한 문장이나 단어로 종결하는 형식 역시 앞서 말한 길고 긴 수학 문제를 풀고 그 답을 자신 있게 툭 던져

놓기를 즐기는 자아초극 주이상스(La jouissance de Lacan) 와 매우 닮아있다.

III. 대지에 발붙인 또 하나의 우주, NA我

영화 속 나의 페르소나이자 D(그려진designed, 혹은 digital의) NA다. VOD나 인터넷, 예술영화 전용극장을 찾는 열정이 36.5°C의 온기로 그의 삶을 지탱한다.

1-1. 영화를 보는 시인

이창32, 타투52, 피사체60, 앵글60, 프레임60, 피그말리온49, 성 처녀49, 카리아티드49, 파리메니데스49, 프로메테우스49, 리바이어던50, 꼽추53, 이상(날개로 표현된 김해경)53, 길73

영상언어를 즐겨 차용한다. 이들은 피안의 대상이거나 동경, 비교의 대상이기도 하다. 동양적 철학은 찾기 어렵다. 자세한 이유는 모르지만 서구적 문학을 동경한 것은 분명하다.

묻다36, 시간 묻다74, 깨달음1, 거짓55, 가면35, 헤세39, 쇼펜하우어39, 위장, 허세27, 비논리27, 허영54, 고해57

그의 노래하고 글을 쓰며 그림을 닮은 글씨를 쓰는 창작의 세계에는 동물들과 가족들까지 모든 것들에 대한 깊은 사랑과 관심이 있다. 지구 위에서 내려다보면 피부색, 세련된 의상, 화장 등이 주는 화려함이 부질없기에 무중력으로 균등하고 무게 없이 떠다닐 평범과 중용을 추구한다. 관람의 영감을 시어로 치환하기 위하여 리뷰 노트를 사용하는데, 공간구역 경계라는 필기에, 자기 전, 묻다, 묻엄, 무덤 질문 Question Buried painted라 적는다.

1-2. 구독의 톤 앤 매너
썩은 조개73, 북극의 추위60, 가려움증을 가진 육체44, 유언과 주검47

그가 외면하고픈 현실들이다. 그리하여 시인은 꽃을 보며 달콤한 열매29를 얻는 판타지를 꿈꾼다. 꿈에서 깬 시인은 과거형20 사진25의 해리44를 겪으며 생의 떫음7과 비극의 냄새41를 알게 되고 패장이 되어 선창5을 부른다.
　작명에 한 생명이 자라면서 치중하길 바라는 염원이 담기는 것처럼, 이름에 특별한 의미를 부여하고, 원하는 장르의 목록을 분류하여 기록, 기억한다.

1-3. 정신분석적 읽기모드
　고향을 비롯한 삶의 터, 생과 사 순환의 희로애락에서 여러 시인들이 주로 인연과 희망을 본다면, 그는 영화 속 창작을 상상으로 재현해 내어 빈 조각 하나를 끼워 맞추기 위해 하루를 산다. 그러한 태도가 삶의 기호를 찾는 작업임을 태생적으로 체득하였을까? 시인의 문학과 영화 읽기는 영화로운 삶을 동경하는 지적 태도를 견지케 한다. 오선지를 채우는 음악가의 고민과 닮아 있다.

질서46, 변증법49, 뇌파·진폭50, 일탈64, 해체주의76, 용서53·57·59, 화해53, 순수53, 오만47, 거울69, 존재·비존재75, 품75, 흉터75, 아편60, 무표정한 걸음60, 영혼의 문60, 불안60, 너라는 원61, 최음제65, 신경쇠약70, 방생70, 기억상실증73

스크린을 채우는 미장센의 한 조각이 자신이 가진 것이라 여겨질 때 선택적 고르기를 행한다. 날 때부터 얻어 지니지 못한 것으로부터의 회한이나 두려움에 놓이기보다 문학을 통한 풍요를 갈망한 치유적 자기방어다. 그럼에도 툭 튀어나오는 빈 기운이자 공허는 의미를 기리지 못하는 비정형의 시대, 오수 마을의 충절에 대한 변형된 의미로 나타난다. 관광자원화를 위한 얕은 발상이 낳은 대중적 니즈에 꿰어 맞춘 지명 '오수'는 그가 발견한 기발한 시어들의 팔레트다. 때리고 빨고 흔들어 씻고 떨구고 그리하여 의견義犬이 아닌 식용견과 투견. 개장국 식당 식탁 옆의 서예가와 문학소녀라는 비유는 비참한 삶의 현장에서 바라본 반전의 장면을 영글케 한 불망의 원천이었다.

중독1, 사랑38, 기념일(결혼)66·68, 아름답게 사라지는 법70

「사랑이여」는 세련된 진전과 다양한 기법이 향기로 남은 시적 화석이었다. 외래어 재혼합이 부른 시어의 발견이자 언어의 논리적 활용 역량이 출중함을 볼 수 있는 사례이나 그것이 서구적 풍경에 경도되어 있음은 다음 두 번째 시집에서 보완할 문제이다.

1-4. 응시Gaze와 태도Attitude

외려·외면69, 감옥27, 멍15, 혐오16, 안녕46, 굴절65, 눈물의 향연66, 불안·소등69

거세되지 않을 의미 찾기와 감정의 결정체들이 시인의 우물 속에서 꿰매어지고 끌어올려져 문장이 된다. 길어 올려진 물이 살아나 눈물도, 커피도 되고 혹은 향으로 기화되기도 하며 또 다른 응시가 된다.

잠9·16·57, 꿈13, 잠 영혼14, 밤32, 눈 뜨면18, 꿈속53, 비약적 죽음47

라캉이 말한 욕망의 죽음이자 결핍의 나락 단계에 접어들자, REM수면과 완전한 시적 밤의 단계가 어둠 속 영화와 결합하며 죽음을 상상케 한다. 꿈에서 깨어서도 엔트로피 극치를 치닫는 시인의 판타지적 입체 만화경은 의식의 정열이 만들어낸 일루전이다.

1-5. 배역/Original Score
어미6, 당신1, 남자20, 정원사39, 사내52

분명한 것은 시적 발흥을 위한 분주한 조명 아래의 지식인이 아닌, 전봇대 간격이 도시보다 더 벌어져도 별 민원이 발생치 않는 소금이 마르는 어느 어두운 공간에 존재하는 시인의 생물학적 계보가 너무 리얼하다는 것이다.

이녁2, 계집5. 아낙6, 앉은뱅이25, 은비녀 쪽진39, 무지개 양말41, 공벌레51, 고아30

그래서 갑자기 레지Regie로 '숙이'가 데뷔하고 천연덕스럽게 분통을 열어 메이크업扮裝을 하고 배역을 얻고 대사도 받는다.

1-6. 내레이터와 페르소나
발2, 눈동자3·13·25, 손톱6·61, 손노13, 오른손6, 발끝32, 좁은 가슴, 휘어진 다리45

무성영화 돌 듯 기관 없는 신체가 구체적 손발 지문인 카탁 댄스(kathak dance) 시늉을 한다. 소리음을 차용한 양가적 은유에 있어 탁월한 용례를 보인다. 특히 「오늘의 Q&A」라는 시가 대표적이다. 입천장으로 가족으로서의 여자와 어머니로서의 자화상을 질문 형식을 파괴하며 구두점을 없앤 기호로 같은 질문에 다른 답을 제시한다.

1-7. 의인화 애니메이션

나방의 움직임은 동면이며 새 생명 잉태를 위한 월동임을 함축한다. 아니마라는 상징과 함께 동일시된 등가等價의 정체성이다. 유충10, 나비걸음5, 벌나비36, 불나비 사랑67, 나방69 등의 시어는 신체, 무용, 조작, 병립, 혹은 역동하는 시어의 완전 조립을 위해 결합체를 찾는 유희로 시인이 즐긴 은유다. 어쩌면 밥보다 유의적 언어가 갖는 맛의 조합이 주는 상상을 더 좋아하는 시인의 특질이 아닌가 생각된다. 이 주이상스는 한 발 더 나아가 수인33, 발포제 심장50, 쇠어버린 체모67, 발등76, 혈관76, 종이새77로 절정에 이른다.

1-8. 피규어 조연

말벌11, 미어캣11, 외국개 해피15, 낙타13, 텃새24, 해마23, 말갈기33, 고라니36, 고슴도치41, 개떼들43, 거미59, 독수리51, 무당벌레61

한편 「사랑의 굴절」 속 허구와 현실을 오가는 프리즘을 통한 색 번짐에 대한 작가의 동경은 무지개 색보다 다채로워지고 의인화를 통해 생명을 얻은 아니마로 변장된다. 이는 시인의 생명존중 사상의 표현이다. 인간의 소리나 말이 아니다 보니 '줄거리'와 '서사'를 맡은 화자의 시어에 생기가 마르지 않으며, 체념이 아닌 신념으로 위무하는 심성의 자화상이 곳곳에 등장한다.

6개의 현·88개 건반11, 흐르는 음34, 슈베르트·LP37, 광시곡37, 차이콥스키38, 카스트라토51, 라르고·비바체59, 색소폰 리드69, 반음71

말을 못 하는 존재들이 음악으로 대위된다.

2. 시인이 만든 영화

감독이 된 시인은 스크립터를 만들며 다양한 욕구에 에너지를 채운다. 시적 섭취를 통해 원기를 회복하면 도구를 이용해 놀이, 즉 호모루덴스로 나선다. 시적 키워드는 실제 SF무비와 정신분석영화의 현실적 시나리오로 등장하기도 한다.

호모루덴스 놀이로 글쓰기를 택한 이에게 시집 발간이라는 사건은 글쓰기의 격이 달라지는 것이며 앞으로 쓸 시에는 습작이라는 이름을 붙이지 않아도 된다는 뜻이다. 엔터테인먼

트의 모든 행위와 종류가 섭생의 즐거움으로 이어진다.

2-1. 섭생의 즐거움

먹는다는 표현의 은유는 색이나 움직임만큼 자주 표현된다. 이 만찬에는 김치볶음밥43, 케잌46, 도시락52, 두부74 등의 소박함이 있다. 특이한 것은 같은 잎이라는 시어에도 잎집이 있고 잎몸이 있으며 잎혀가 있다는 다양성이다. 벼 한 포기에서도 결손과 결핍의 상태를 살피고 생육 생장 주기에도 예민한 반응을 보일 만큼 그는 섬세함을 지니고 있다.

요기가 완성되면 신화와 전설, 주술48을 동원한 춤으로 무아지경에 이르고, 디자이너는 이윽고 성수52와 제물52을 바치며 의식의 막바지로 펜춤63을 추며 종이새가 되어 비상한다.

2-2. 제작도구와 캐릭터

교구17, 형태소42, 브레히트20, 방백20, 팬터마임29, 집시24, 의안24, 무명씨24, 공중곡예사36, 외피48

넓은 간격의 전봇대는 광량의 세기가 약하다는 방증이지만 촬영 시 시야를 어지럽히는 전신주 없는 세트장의 필요성을 떠올리게 한다. 조도가 낮아 풀벌레조차 순응한, 차車가 아닌 생명들의 쉼을 위한 시골 가로등 아래서 그는 무엇을 보고 듣고 만졌기에 이리도 중첩되지 않는 시어들을 씨줄 날줄로 엮어 한 권의 시집으로 탄생시켰을까?

2-3. 판타지스튜디오 세트와 로케이션 르뽀

애벌빨래37, 흰수건6, 유령선3, 난파된 배69, 빙벽40, 적산 가옥3, 빵집37, 공장40, 형태소 집42, 셋방14, 고급 살롱26, 폐곡선77, 섬58

같은 모양의 언문이 필경 자아낼 외국어와 음가의 언저리를 피하고 붙이다 디지털시대 퇴물이 되어가는 한자어를 포개고 접하며 신조어를 만들어낸 노력. 사라져 본국에서조차 다시 쓰이지 않는 한자 간자체의 원형을 찾아내어 문장 속에서 제 기능을 하게 만드는 언어 능력은 단순한 숨은 재능으로 보기보다는 타고난 기질이라는 편이 맞겠다. 실례로 그가 장소로 제공한 '영토·지도1, 카페 빈센트20, 택시23, 밥그릇43, 마루 틈46, 회전문46, 정박할 항구50, 출항할 바다50, 서랍61, 거미줄69, 요람65, 슈즈샵76 등은 기상천외한 시어들이다. 오랫동안 시어들을 관찰해 왔지만 첫 시집에서 중복 없는 다양성을 보인 시어들을 만나는 것은 드문 일이다.

2-4. 소도구

주된 시어들로, 여지없이 습작 시인들이 오랫동안 부여잡고 키워 온 시어의 원천인 혈육, 고향, 자연, 별, 구름 등을 등장시키는데 이 시인도 하나에선 비슷한 출발을 보인다. 바로

소도구에 해당하는 특이한 캐릭터를 연상케 하는 물건들이다. 시인은 소재에 변형과 채색을 통해 소금을 먹고 받으며 마알간 소금으로 오는 존재의 본질을 새의 지저귐으로 묘사했다 '삽7, 대패34, 장도리, 휜 못34, 쥐약14, 루어44, 렌즈51, 가발47, 대리석의 마블링44, 도립상51, 나사못64, 쇼윈도76, 박제76, 아스팔트77'를 배치하고 의외의 효과를 얻어낸다. 이는 소금이 자라 수계와 지상계를 가르는 경계의 모호함의 중심이 되고 그 경계 위를 구름, 바람, 달빛, 울음소리, 두려움, 볕, 미풍과 비늘이 더해져 마침내 수염 난 빨간 소금으로 완성된다. 이 얼마나 긴 생각의 실인가?

3. 우주와 NASA가 소요할 첫 집 문패와 두 번째 집 설계 방식

오목렌즈25, 밀림19, TV·유튜브45, 편지72, 제스처76, 오엽난67

조르주 쇠라(Georges Seurat, 1859~91)의 색채와 세잔이 남긴 270점 중 상당수를 차지하면서도 닮지 않은 사과들을 떠올리게 된다. 생명의 강조에는 잡초 같은 시인 자신이 투영되었고 은거 태도가 보였다. 거기에 자유로운 공론과 넓은 무대가 주어지고 조어措語라는 부자재와 접착되면 견고한 우주정거장이 만들어질 것이며 이 정거장은 언제이던 쏘아 올려지고 이동할 수 있다. 뚝새풀70(첫 시집)이 여러해살이풀63로 영원한 생명을 얻는 것이다.

IV. 나가며

이 시인은 소요逍遙라는 필명을 쓴다. 장자의 '소요유'에서 착안한 것이라면, 멀리 걸을 수 없는 자가 처절하고 치열한 거울 보기로 거울 속 언어들을 건져내었을 때의 희열을 빗댄 선택이었을 것이다. 언어만큼 다양하지 못할 단조로운 삶, 그 건조한 치받음으로 인해 연속적 글쓰기가 얼굴을 닦는 치장보다 앞섰고, 언어의 풍요를 절제하는 행위를 축적하며 첫 시집의 원동력을 얻어낸 점을 축하한다. 비하하듯 내뱉은 '이놈의 한반도'를 벗어나게 될 때 오슬로의 미래 도서관이 그녀를 기다리고 있을지 모른다. 뉴욕이 아닌 오수마을 인근의 시장과, 터미널, 기차역으로 환류되는 기억에서 채록된 발상이 일군 시어라면 더욱 값지다. 얻기 어려운 문화와 역사의 시간을 알아낸 흔적을 귀하게 다루는 지금은 비록 난해하다는 평을 얻을지 모르나 이영화 시인의 영화 같은 작품들이 문학과 콘텐츠로 견고한 머리의 집(Maison des Têtes)으로 변신을 거듭하길 바란다.

시인의 몸속에 기인처럼 흐르는 언어 선별 능력과 신생 낱

말 흡착력은 이후 나아갈 추동推動력이다. 숨길 수 없는 언어 기호 발견 능력으로 음식 재료를 다듬고 요리하고 다시 음미하고 정성 쏟은 시간만큼 누군가를 행복으로 이끈다. 나아가 중의가 아닌 단어를 나열하기를 극히 피하려는 시인의 '에크리'에 맞는 스토리가 더해지기를 바란다. 응결될 77편의 시에서 그이기도 하고 그녀이기도 한, 시를 찾는 과정이 쓰면서도 달콤하였다. 더디더라도 천천히 세인들의 니즈needs를 해갈해 주었으면 하는 기대와 바람을 가져본다.

도회지가 아닌 느린 풍경들, 따듯하고 정의로운 가족들, 비록 넉넉지 않지만 비루하지 않으려 노력했을 고고함으로 탄생한 첫 시집이 문인으로서의 탄탄한 토대가 되어줄 것이다. 적잖은 시간을 투자해 77편의 시를 읽으며 흥미롭고 재미난 난蘭의 미지의 향을 맡은 상쾌한 느낌이었다. 오늘이 지워지지 않을 그의 첫 명함을 얻은 날이다.

참고자료

문헌

로만 야콥슨, Semiotics of Art: Prague School Contribution. Cambridge Mass;MIT Press. 1976

Michael Heim, Language in Litrrature, The Berknap Press. Harvard Univ. Press. pp. 368~378

자크 라캉, La jouissance de Lacan

강익모

SDU교수/문예비평가/미술·영상칼럼니스트/선촌디지털도서관장/이탈치네마영화제공동집행위원장/전국예술대학교수연합조직국장/한국문화예술위원회예산심의위원/한국오페라학회장